"贸"似如此

余淼杰 著

北京大学出版社
PEKING UNIVERSITY PRESS

图书在版编目(CIP)数据

"贸"似如此/余淼杰著.—北京:北京大学出版社,2016.6
ISBN 978-7-301-27112-4

Ⅰ.①贸… Ⅱ.①余… Ⅲ.①对外贸易—研究—中国 Ⅳ.①F752

中国版本图书馆 CIP 数据核字(2016)第 099515 号

书　　　名	"贸"似如此
	"MAO" SI RUCI
著作责任者	余淼杰　著
责 任 编 辑	郝小楠
标 准 书 号	ISBN 978-7-301-27112-4
出 版 发 行	北京大学出版社
地　　　址	北京市海淀区成府路 205 号　100871
网　　　址	http://www.pup.cn
电 子 信 箱	em@pup.cn　　QQ:552063295
新 浪 微 博	@北京大学出版社
	@北京大学出版社经管图书
电　　　话	邮购部 62752015　发行部 62750672
	编辑部 62752926
印 刷 者	北京中科印刷有限公司
经 销 者	新华书店
	880 毫米×1230 毫米　A5　8.5 印张　119 千字
	2016 年 6 月第 1 版　2016 年 6 月第 1 次印刷
定　　　价	42.00 元

未经许可,不得以任何方式复制或抄袭本书之部分或全部内容。
版权所有,侵权必究
举报电话: 010-62752024　电子信箱: fd@pup.pku.edu.cn
图书如有印装质量问题,请与出版部联系,电话: 010-62756370

前　言

不知不觉间，博士毕业已有十年。仍清楚记得 2005 年的 5 月，父母来 UC-Davis 参加我的毕业典礼。暑期在 UC-Davis 教了门短课后，就直接去香港大学经济金融学院报到上班了。待了一年之后，下定决心要来北大 CCER 工作。

屈指数来，来 CCER 已近十年。在 CCER 工作，因为是全部照搬美国体制，我们科研发表压力相当大。在评为正教授之前，合同都是三年一签，考核自然主要是看英文学术期刊发表情况，既看量更看质，所以，年轻同事们自是人去人留，平均每年都有一位老师离开。这其中自然也有功成名就，另攀高枝的。

和其他大部分刚毕业的海归博士一样，我也不知道自己能否发上乘的英文论文，没有人保证我能够在CCER待下去，没有人知道我的明天会怎样。所以，我在北大的这十年，基本上把每天都看成是自己在燕园工作的最后一天。置顶的人生信条是多一事不如少一事，革命不是请客吃饭，革命就是拼发表拼终身教职（tenure）。

如同鲁迅先生说的，一个人再愚钝，只要认真静下心做学问三十年，总会有些收获的。我想，先生说的大概就是我的情况了。八年抗战，黑头发变成白头发，每年像驴一样地写论文发论文，终于也走出一条路。承蒙各位师长同仁的厚爱，在2014年被北大提前破格评为正教授，今年也有幸被教育部评为首届青年长江学者。磕磕碰碰之后，终于拿到了北大终身教授职位，实现了自己一直梦寐以求的身心自由。

不过，等拿到之后，发现十年已经不见了。记得当年初到港大工作时，同事Steven Chiu教授问及年龄，答曰二十九。他不经意地回：多好的年龄！其时心里很不以为然——这有什么好的？弹指间，十年过去了，我终于深刻地理解了同事的话，带着几分惶

前　言

恐：我的青春都去哪儿了？

好在还有让我很庆幸的东西。在 CCER，我有幸和一批中国顶尖的经济学家一起工作。我想 CCER 相对于任何其他一个普通的美国经济学系来说之所以特别，就是因为它有一批大视野、高格局的经济学家。他们当中有做纯学术的，但更多的是关注中国人现实经济问题。他们从现实问题出发，研究中国经济问题，提出政策建议，同时再升华为学术研究。

这其中第一位要感谢的自然是林毅夫教授。在学术上，自创立 CCER 之后，林老师二十年如一日，强调发展中国经济必须根据中国的实际国情，走自己的路，寻找本国的比较优势。做研究，更要"知行合一"。立足中国国情，学会独立思考，不要人云亦云，不要看国际主流观点如何，就亦步亦趋。在生活上，林老师的执着、坚毅、热情也将一直是我学习的榜样。

CCER 之所以特别，我想另外一个主要原因是这里集聚了一批真心想为国家做事的学者，尽管他们有时观点迥异，但君子和而不同。清楚记得当初收到时任 CCER 副主任的李玲教授的信:"欢迎你回来,大家一起为了人类来工作。"信是英文写的,李老师用的是"mankind",多年过后,还是为之动容!这种格局这种胸襟,不是每个地方的学者都有的。

也正因如此,到了 CCER 工作之后,我就不再把研究的重点放在美国经济,而开始全面转为研究中国经济发展和国际贸易。我不知道是否能"先得月",但"近水楼台"地了解中国经济确是个不争之实。研究之余,也开始敲敲打打,写点经济时评之类的文章,把一些对时下经济的想法记录下来,如鲁迅先生所言的,是为了"忘却的纪念"。

依稀记得我写的第一篇时评就是那篇《克鲁格曼的神话》。那是在 2008 年 10 月份,克鲁格曼得了诺贝尔奖,下午突然接到《南方周末》的余力编辑打来的电话,因为我搞国际贸易,问我是否能第二天一早给她一篇介绍克鲁格曼其人其事的文章。或许是因为我本来就是克翁的粉丝,所以写起来很顺手。文章发了之后,凤凰出版社的北大校友看到后很是喜欢,问我能否把克鲁格曼的主要学术思想用通俗的文字写

前　言

成一本书。踌躇很久之后，终于还是硬着头皮答应下来，于是就有了我的第一本经济学随笔《重拯自由贸易》。

所以，严格说来，这本小书不是我的第一本经济学随笔，但它却是我的第一本时评。之所以这些年还能时断时续地写下去，应该感谢我们国发院（指"北京大学国家发展研究院"）周其仁教授的言传身教。周老师一直强调要研究"真实的世界"。2008 年林老师去了世界银行，周老师接任院长后，更是鼓励年轻人多关注现实经济，多调查研究。受了鼓舞，不知不觉也就写多了。后来得益于卢锋教授的引荐，跟其他几位国发院教授在 FT 中文网上联合开设"朗润经济评论"专栏，大约每月一篇时评，这样又坚持了一年。之后，学术研究任务实在繁重，FT 的写作终于也就不了了之了。

我还要特别感谢我们学院院长姚洋教授。摆在眼前的这本小册子，如果没有他一直以来的鼓励和帮助，是不可能问世的。对我们年轻老师来讲，姚老师既是领导，更像兄长。记得他跟我讲过，现在学术界竞争很激烈，我们得学会两条腿走路，一条是跟外国人拼发表，让世界能听到中国经济学者的声音，让世界知道有一批中国经济学者不求名不求利，耐得住寂寞，坐得住，想得深。而另外一条则要关注中国经济的发展，争取就一些自己所熟悉的领域、热点问题表达自己的想法。姚老师自己更是以身作则，学术研究、政策研讨都是硕果累累。

所以，目前也就答应了几个地方开始写专栏：腾讯大家、《人民日报·海外版》、新加坡《联合早报》。当然，因目前又在帮学院里做点事，主管科研，每天光是回邮件、开会、听讲座和上课，时间就已经所剩不多了，还有一堆没完成的、刚开始的严肃学术论文要做，估计到时每个专栏又都是虎头蛇尾。但如不给自己点压力，可能工作的第二个十年会溜得更无声无息。所以，想在这些专栏正式启动前，给自己一个交代，把以前的豆腐小文放在一起，也就有了这本小册子。

当然，也如我们学院的资深教授、央行货币委员会委员黄益平老师所强调的，学者不要做万金油，什

前　言

么都敢讲，但好像又都是浮光掠影、隔靴搔痒。所以，这本小册子讲的基本上都是这些年中国的外贸。但如同我们学院的金光讲席教授张维迎老师所说的，不理解国际贸易理论，就不可能理解中国经济。我仍然记得18年前在北大读硕士时，去旁听张老师的博弈论，讲得不仅精彩，而且深刻。张老师讲到自己走上学术道路，是因为可以实现身心自由——有许多工作有心的自由，但没有身的自由；也有不少工作有身的自由，但没有心的自由。但做学术可以帮你同时实现这两种自由。我对此是感同身受！

一直在想为这本小书起个什么名字，个人非常喜欢周其仁老师的书的名字，比如《挑灯看剑》。但苦于才思殚绝，想东施效颦也难。好在门下有十二才子才女。有才者如博士生袁东建议来个双关语——"贸"似如此。深以为然，是为书名。

余淼杰

2016年1月13日于美联航客机尾舱

目录
CONTENTS

前　言　　　　　　　　　　　　　　001

克鲁格曼的神话　　　　　　　　　　001

关起门来化"冰山"？　　　　　　　012

中国经济第四条道路　　　　　　　　018

"依靠内需"仍是望梅止渴　　　　　023

对 iPad 应怎么征税？　　　　　　　029

如何纠正我国经济外部失衡？　　　　033

中国经济短期内仍靠外需　　　　　　042

逆差惊现　人民币汇率何去何从？　　049

中国如何避免增长陷阱？　　　　　　056

"中国式"外贸　　　　　　　　　　063

中美贸易失衡新解	070
TPP：美国的独角戏？	076
中国入世的益处	085
净出口负贡献之后怎么办？	094
生产率高低决定企业能否走出去	101
提高企业生产率，推动产业升级	109
近年中国会有更多贸易摩擦	114
奢侈进口品该如何征税？	122
对外改革，对内开放	127
何妨再来个"万亿"投资？	133
加快加工贸易转型升级	143
"十八大"后的中国经济，何去何从？	150
全球经济格局的两个118年（一）	157
全球经济格局的两个118年（二）	166
全球经济格局的两个118年（三）	175
有没有"中国模式"的经济发展？	184
中国"鸡肋"产业路在何方	188
非洲——中国"鸡肋"产业的诺亚方舟	192
近年人民币会升不会贬	196

目 录

还有哪辆马车能拉动中国经济？　　　201

"一带一路"，重点宜不同　　　205

努力是一种人生态度　　　209

香港"自由行"的红利到底有多大？　　　216

中国当前经济　创新近乎一切　　　222

中国深度开放，有利全球经济　　　226

人民币"入篮"兴奋过后需冷静　　　231

TPP，"贸"似如此　　　236

中非合作，贸易可以减贫　　　246

2016供给侧改革元年：去产能活商贸
　　供需双管拉经济　　　250

克鲁格曼的神话

天才的经济学家、文笔优雅的《纽约时报》专栏作家和畅销书作者、犀利苛刻的共和党批评者、令人不安的危机预言者，瑞典皇家科学院将2008年的诺贝尔经济学奖授予了一位兼具多重身份的美国经济学家——保罗·克鲁格曼。

周二晚上打开电脑，我看到了保罗·克鲁格曼获诺贝尔经济学奖的消息。这让我想起数年前在美国戴维斯加利福尼亚大学与导师芬斯阙（Robert Feenstra）教授的一段对话。当时我对他说："加拿大的Daniel Trefler教授最近写书评，说您是当今国际贸易研究实证领域的第一人！"没想到导师反问："那理论领域谁是第一？""克鲁格曼！"我如实应答。他略一沉吟，点了点头。

为什么是克鲁格曼？

芬斯阙教授认同我的看法，并非是因为克鲁格曼曾在麻省理工指导过他的博士论文。可以这么说，在整个国际贸易理论研究的两百多年历史中，或许只有三人在学术上可以排在克鲁格曼前面：二百多年前的英国经济学大师大卫·李嘉图、近百年前的瑞典经济学家赫克歇尔和俄林。

如瑞典皇家科学院所言，今年的授奖是为了表彰克鲁格曼对贸易模式和地理经济学做出的开拓性贡献。什么是贸易模式？简单来说，就是谁和谁做贸易及贸易什么。在纷繁复杂的各国贸易中，究竟有没有共同的规律？二百多年前，李嘉图提出了比较优势理论，认为一国应出口那些相对成本较低的商品，由此，自由贸易使各国都获利。这一理论简单易懂，解释了真实世界中的现实情况，从此，比较优势理论成了经济学最重要的一块基石。

李嘉图模型好是好，但却无法回答一个问题：中美进行贸易，就国家总体而言，自然两国都能获利，但在贸易中，美国的工人是获利还是受损？美国的资本家是获利还是受损？赫克歇尔和俄林回答了这个问题。他们认为国与国之所以进行贸易，是因为各国的资源不同。相对而言，美国财力丰厚但人力稀少，中国财力稀缺但人力资源丰富，对两国都有利的贸易模式应该是中国出口劳力密集的纺织品到美国，而从美国进口资本密集的汽车，在这宗贸易中美国工人受损而资本所有者受益。

赫克歇尔–俄林模型清楚地解释了 20 世纪初的国际贸易模式，这使得俄林于 1977 年摘得诺贝尔经济学奖（这也是国际贸易研究的第一个诺奖）。

但是，新的挑战又出现了。在 20 世纪的最后 40 年，不仅穷国与富国之间的贸易量增加，富国与富国之间的贸易量也大幅度上升。同时，国际贸易不仅发生在不同行业之间，更重要的是同一行业内也存在着大量的国际贸易。举例来说，我国在 20 世纪 80 年代初期机电产品出口很少，基本都是从发达国家进口精密仪器而出口农产品。但进入新千年后，我国在机电产品行业中同时存在着大量的进口和出口。然而根据赫克歇尔-俄林模型，中国只能出口纺织品这类劳力密集型产品，根本不能出口精密机床等资本密集型产品，同一行业内的贸易更是不可想象。简言之，已有的理论已无法完全解释新的现实。

后续的工作由克鲁格曼在1978年完成，那时他25岁。

在那一年发表的经典论文《规模报酬递增、垄断竞争和国际贸易》中，他用十分简单的、大学一年级学生都能看懂的数学模型论证了资源禀赋相似的两国（如美国和加拿大）也可以进行国际贸易，且贸易可以发生在同一行业。

原因很简单：如果扩大生产规模可以降低企业成本，那么加美之间的贸易就如同美国本国扩大生产规模一样。加美之所以发生贸易是因为两国生产规模上的区别，而不一定是由于两国存在技术或资源上的区别——用经济学术语说，就是行业的规模报酬递增现象导致了国际贸易。规模报酬递增并不是一个新发现,在1930年就有经济学家指出:克鲁格曼的贡献在于别出心裁地把它用于解释贸易现象。

有一个关于这篇文章的故事。1978年夏天,克鲁格曼作为耶鲁大学的一名助理教授,应邀参加美国国民经济研究局举办的学术研究会。这是一个由学术水准很高的学院派教授组成的松散型学术组织,能到这里宣读论文是一个难得的机会。克鲁格曼开始发言时,谁也没在意这位小伙子,人们都在私底下交谈。但渐渐地,他的发言内容让在座的学者们停止了交谈,屏息倾听,最终大厅里鸦雀无声。克鲁格曼一夕成名。尔后,他回忆说:"那是我生命中最美好的时刻!"

克鲁格曼是谁?

在著名的通俗小册子《期望失落的年代》中,克鲁格曼指出经济学者大凡可以分成三类:第一类是主要运用希腊字母进行数学推导和计量处理的经济学家,可谓学院派经济学家;第二类是主要处理如通货膨胀升降和货币增减等现实问题的经济学家，不妨称为现实派经济学家；第三类则专门出书卖给因误机被困在机场而闲极无聊的旅客，姑且称为机场经济学者。

严格而言，第三类不能算为经济学家。而对于一名经济学家来说，受分工和知识结构的限制，不得已要在第一、第二类中有所取舍，一般难以兼于一身，但克鲁格曼就是一个杰出的例外。

每年的诺贝尔经济学奖得主都是各自专业领域里的顶尖高手，他们在行内得到广泛的承认不足为奇。克鲁格曼在国际贸易学界和整个经济学界都是声名赫赫——在美国，如果你是一名经济系研究生，却不知道克鲁格曼，那绝对是一个笑话。不平常的是，在美国的工业界、大众乃至国际社会中，他也是声名显著。

克鲁格曼在圈外的声名来自他对许多问题的独到见地，更得益于他的优美文笔。他是当今经济学家中文章写得漂亮的少数人之一。在他获得克拉克奖时，评审委员会在激赏其学术成就之余，居然不忘点评他的文笔——"可以媲美日本的俳句、狄更斯的诗歌和马蒂斯的油画"。

经济学家被要求按严谨的学术范式写作,优雅的文字一般并不能增添其学术声誉。克鲁格曼在大学期间虽主修经济,却酷爱历史,正是那时候大量"不务正业"的阅读和写作造就了他笔下文字不一般的感觉,这也是他后来被《纽约时报》请去写专栏的重要原因。

从2000年起,他在《纽约时报》上每周发表两篇专栏评论,成为美国最重要的政治专栏作家,是少有的几位能分析美国当代政治关键事务的人物之一。2007年,他开设了自己的博客,用来刊登那些不能包含在专栏中的图表。

大多数美国普通公众通过《纽约时报》知道了克鲁格曼,但美国的政界人士却早在20年前就领教克鲁格曼其人了。1982年,克鲁格曼任职于里根政府的经济顾问委员会,并于次年主笔总统经济报告,当时他30岁。此外,他还是国际清算银行30人专家组的成员。1992年,克鲁格曼深入浅出的电视演说对克林顿首次总统竞选起到了极大的帮助。十年之后,克鲁格曼以《大破解:我们迷失在新世纪》为题,结集出版了他的专栏文章,严厉批判小布什政府的经济与外交政策。

2007年,克鲁格曼出版了《一个自由主义者的良知》一书。在书中,他描绘了美国20世纪财富与收入差距的历史变化。美国的收入差距在20世纪中叶曾大幅降低,但在20世纪最后的20年间又急剧上升,最终超过了"镀金时代"——20世纪20年代的水平。一般认为20世纪后期收入差距的扩大很大程度上是因为技术与贸易的发展,但克鲁格曼指出:无论是在20世纪中叶收入差距的减少上,还是在20世纪晚期收入差距的扩大上,政府政策都扮演了更为重要的角色。他在书中谴责布什政府施行了扩大贫富差距的政策,建议施行"新新政"(new New Deal)("新政"是指20世纪30年代罗斯福总统的一系列经济政策,基本精神是在不触动资本主义私有制前提下,以国家机器干预社会再生产)。这种"新新政"强调发展社会与医疗事业,削减国防开支。否则,巨额财政赤字在长期必然会导致重大的经济危机。

如果认为把美国时下的金融危机视为经济危机有点危言耸听，不妨听听克鲁格曼的一个故事。

1994年他在著名的《外交事务》杂志上发表《亚洲奇迹的神话》一文，批评亚洲模式重数量扩张、轻技术创新，所谓的"亚洲奇迹"是"建立在浮沙之上，迟早幻灭"——仅靠扩大投入而不进行技术创新的做法容易形成泡沫经济，在高速发展时期潜伏深刻的危机，这些亚洲国家迟早要进行大规模的调整，并走上提高要素生产率的道路。他指出：对一国发展而言，"生产率不是一切，但在长期上讲，却几乎是一切！"

1996年，克鲁格曼在《流行国际主义》一书中大胆预言亚洲将出现金融危机。一年之后，预言成为现实，克鲁格曼的名字为全球瞩目，该书在两年内重印了8次，总印数达120万册。

早到还是迟到的诺奖？

克鲁格曼于38岁时获得克拉克奖（专门授予年

龄在40岁以下、最具有杰出学术成就的青年经济学家）。今年他55岁，相对于其他诺贝尔经济学奖得主而言，实在是太年轻（俄林获奖时已78岁，次年便于书桌前辞世）。

不过对克鲁格曼来说，今年得奖也许不算迟到，但绝对不能说是早到。1991年获克拉克奖时，他就被认为很有希望获得诺奖。虽然呼声甚高，但因为其为人一向直言不讳、过于刚直，在政界、学界都树敌甚众，虽不至于"木秀于林，风必摧之"，但确实也失去了许多机会。1992年他助克林顿登上总统宝座，但克林顿并没有"投桃报李"，却另请他人担任经济顾问，据说很大的原因是他天马行空的个性。

如果认为克鲁格曼得奖的原因仅仅是对国际贸易理论的发展及成功地预测了亚洲金融危机，那就太小看了克鲁格曼。事实上，他在包括经济地理学、汇率目标区域理论、国际金融"永恒的三角"等问题上都有开创性的研究。

更可贵的是，克鲁格曼打破了经济学界国际贸易与国际金融研究分割、老死不相往来的传统局面，对汇率和贸易进行了综合的研究。

　　克鲁格曼善于构建简单的模型来阐释重要的经济问题。他往往能比别人早数月乃至数年观察到某种经济现象，然后构建简单的模型，提出自己对问题的独到见解。当其他经济学家对他的模型进行各种复杂的细致化或变形后，往往会惊讶地发现他原有模型的基本结论仍然成立。简单的模型竟反映了现象的本质，也许，这就是克鲁格曼的神话。

　　55岁，对于经济学家而言，仅仅是初入中年，人们有理由期待更多的神话产生。

（本文载于《南方周末》，2008年10月16日）

关起门来化"冰山"?

【两会特别报道·中国经济调研报告】

杰斐逊关上了美国的门,却意外地打开了繁荣的窗户。当中国出口的大门正受到经济危机的挤压,一个自由而统一的大市场将成为下一轮增长的前奏。

要想使一单位的产品运达目的地,则必须从出发地运出多于一单位的产品,因为有一部分会在运输过程中像"冰山"一样被融化掉。

萨缪尔森,诺贝尔经济学奖得主,曾用"冰山成本"来描述因贸易壁垒而产生的经济效率的损失。

美国经济增长的历史,正是不断融化冰山的故事。

消除贸易壁垒,首当其冲的是降低地区间的交通贸易成本。经济学研究发现，自二战以来交通运输贸易成本的下降对国际贸易流增长的贡献率为 20% 左右。区域贸易道理也一样。

记得几年前的一个暑假，我和朋友开着一部老爷车，从芝加哥出发，沿着美国州际九十号公路，一直开到加州旧金山。那一次跨州旅行，在全程三千多公里的高速公路中，我们没花半分过路费。对比一下，从哈尔滨开车到广州，你要过多少山寨？留下多少买路钱？一路上过关斩将，不计油费，单是过路费就比机票贵。这样一算下来，国内的地区间贸易成本无端地比美国高出一大块。

话说回来，像美国高速公路不收费这样的好事也不是从天上掉下来的。两个世纪以前，美国还是实行收费公路制度的。不过那时是私人建路，资金难以为继，只实施了 20 年就废除了。政府开始大规模地修建公路、铁路、运河，并且大部分免费使用。结果，经济发展一日千里。

美国政府为什么开始这么干，跟杰斐逊有关。为了抵制英国，他 1807 年颁布《禁运法案》关上国门。杰斐逊关上了美国的门，却意外地打开繁荣的窗户。国门一关，国内需求催生了美国制造业的兴起，为了运送货物又不得不拼命修路凿河并且降低各项费用。一个统一的国内大市场由此开始形成。在整个19世纪，美国保持高速经济增长，成为西方世界经济发展的一个奇迹。

除了降低运输成本，国内大市场的形成还必须消除其他形形色色的贸易壁垒。那次美国的跨州旅行给我的另一个感受就是美国大城小镇的现代化程度基本没太大差别。有一天狂奔八百里后，人困马乏，不得已，停车夜宿蒙大拿州一个不足两百人的小镇。已是夜深，原以为吃饭会有问题，没想到照样有营业的麦当劳，而且照样刷卡不误。更有意思的是，还有一家没打烊的酒吧！平心而论，对比大都市现代化程度，北京、上海丝毫不逊色于美国芝加哥、纽约。但是，什么时候甘肃一个两百人的小村庄也能刷上信用卡？

很具有中国特色的城乡分割跟户籍制度有关，美国没有户籍制度。在今日美国，人口的流动自是十分自由。你完全可拿着伊利诺伊州的驾照（在美国驾照也可算身份证）到加州上学或工作。经济学家发现，人口的自由流动对美国经济增长的促进作用十分明显。相对于资本与自然资源，劳动力的贡献更为重要。如同美国著名经济史学家高尔曼（Robert Gallman）教授指出的，美国19世纪的西进运动就是一次大规模的人口流动，而随之相伴的交通建设、区域间贸易和金融网络则又将其整个经济合而为一。

不仅将美利坚所有州合而为一，美国还在不断缩小与兄弟们的"冰山"成本。

1989年，美国与其最大的贸易伙伴加拿大签订了美加自由贸易区协定，五年之后，更是将小兄弟墨西哥纳入，成立北美自由贸易区。不要以为加拿大与墨西哥是美国的邻国，与地区间贸易无关。事实上，美加两国人民谁也不把谁当外人：翻开加拿大中学生的地理课本，里面美国地图赫然被标为"新加拿大"。就算是美国最近又闭关锁国，嚷嚷着"购买美国货"，也断不牺牲加拿大的利益。倒不是因为山姆大叔大公无私，而是因为他们从未把加拿大当作外人。

研究表明，由于自由贸易区的形成，美加墨所形成的更大的区域市场有一石三鸟的作用。一是树大好乘凉，企业因此享受到了经济规模递增的好处。二是市场大了，越差的企业越被淘汰，而越好的企业却越有成长空间。最后，普通消费者可以买到更物美价廉的产品。

自由贸易区再自由，美加毕竟还是有一条无法忽略的上千英里边界线，两国间的贸易比起各自国内的区域贸易，实在是小巫见大巫。加拿大西部最大城市温哥华就是一个很好的例子。温哥华到加拿大的艾伯塔省和美国的华盛顿州地理距离相当，按理说，这两个地区与温哥华的贸易量应该相当，但由于美加的边界线存在，华盛顿州与温哥华的贸易只占两国经济总量的2.6%，远低于艾伯塔省与温哥华的贸易——后者占了两国经济总量的6.9%。正所谓"疏不间亲"。事实上，当今发达国家内部区域贸易远大于发达国家间的国际贸易。原因也很好理解，发达国家内部贸易交易成本更低。

以前大家都相信"地球是平的"，但现在时髦的话是"地球是皱的"。经济危机尚未见底,贸易保护已比比皆是。各国同甘可以,共苦免谈,但共识还是有的,攘外必先安内。像美国那样,关起门来化"冰山"。

经济危机正在挤压中国出口的大门,但上帝会不会像两个世纪前对待美国那样,打开他那个巨大市场的一扇窗?

(本文载于《南方周末》,2009年3月4日)

中国经济第四条道路

与其被迫人民币升值,不如主动增加进口,一来利国利民,二来还能堵住老外的嘴。

二战后所有穷国发展经济的套路,大凡跳不出如下三招:一是坚持进口替代,二是强调贸易自由化,三是实施出口导向。但时下发展中国经济,这三条道路都行不通,只有另觅新径。

为什么这么说呢?先来看看前三条路行得通不。第一条是坚持进口替代战略,说简单点,就是政府设立高关税,抵制洋货,御"敌"于国门之外;让本国生产的产品哪怕再低质也有人买,目标无非是保护本国工业。如果明的设立高关税还不够奏效，则再加上个"暗保"——设立名目繁多的配额及出口补贴等贸易壁垒。效果怎么样呢？20世纪六七十年代的秘鲁、巴基斯坦、土耳其等发展中国家都走过这条路，改革开放之前的中国也基本是这一路数。

那么，贸易自由化这条路怎么样呢？这条路强调低关税甚至是零关税，大量进口国外商品。国外商品多了，老百姓的选择就多了，可以"便宜买好货"。这样好是好，但问题是发展中国家经济起飞阶段外汇储备多贫乏，囊中羞涩，大规模进口高质量洋货难以为继。七八十年代以来，许多发展中国家都走过这条路，结果也是一言难尽。

难道就没有什么阳光大道不成？也无须如此悲观。六七十年代以来以韩国、新加坡、中国香港和台湾这东亚"四小龙"为代表的新兴工业经济体所走的"出口导向发展战略"就很成功。这些地区以其丰富的劳力要素为依托，生产其具有比较优势的产品，以出口带动经济的发展，实现了经济的总体腾飞。中国30年的改革开放，路子就是坚持出口导向的发展模式。

如果国人现在都已经富起来，那么企业多生产，照单通吃就是了，也并不见得有出口的需要。问题出在两方面：一是人均收入还很低，只有4 000美元，是美国的十分之一，其中还有四分之一是"被富"起来的：人民币对美元五年内被升值了25%。二是城乡收入差距大，城镇居民收入是农民的3.5倍，而超过一半的人是居住在农村的。既然大部分消费者都很穷，又怎么指望他们在短期内能消化掉所有的国内商品呢？自然，"短期内拉动内需"只能是空话一句。

把这两方面结合起来，就注定了出口导向这条路，大方向是对的，还得走。不过，这只是一条腿走路。还得靠另外一条腿：加大进口力度。理由有三：

一是光靠出口容易导致通货膨胀。出口多了，外汇就多了。问题是美金在国内还是不能当钱花，企业得把美金换成人民币。中国人民银行左手接美金，右手扔人民币，这样一来流通到市场的基础货币就多了，再加上货币乘数的作用，这雪球就越滚越大，手里的工资自然也就越来越缩水了。你还真以为是大姜大蒜在跟你过不去，殊不知，真正"姜你军""蒜你狠"的，是放在黄浦江外的一个个出口集装箱。

最近国家出台一项政策，允许企业将其外汇所得存在国外，不用汇回国内进行外汇对冲，以避免通货膨胀压力。但这年头，企业都赌人民币升值，谁还有动力守住美金呢？所以，如果真正想让这钱不流进来，留在外面进口原材料，政府就应该让企业得到的好处大于套汇的甜头。

二是多进口有利于国内企业实现产品升级换代。贸易自由了，虽然海关会少收些银子，但老百姓买东西却更便宜了。当然，国外好东西进来，会挤掉一些国内企业的产品。不过，穷则思变，变则通。企业想保住市场份额，只有努力提高质量，提升自身生产力。所以，增加进口于国于民都是好事。

当然，要进口就得要有硬通货——美金。现在中国外汇储备已有2.8万亿美元，短期内，不缺钱。但人无远虑，必有近忧。长期来看，只有出口挣了钱，才能买人家的东西。不管买老外的香饽饽还是自家的窝窝头，老百姓腰包都得先鼓起来。这也就是出口不能偏废的原因。

　　三是多进口有利于促进中国外部经济平衡，减少人民币升值压力。这些年中国外贸顺差很大，去年又多了1800多亿美金，也难怪老美要眼红，一个劲儿地催人民币升值。近日的G20部长级会议更是要出台量化指标衡量一国外部失衡大小。如顺差分配大，则有可能出台具体的人民币升值日程表。要知道，人民币一升值，我们的产品就贵了，市场的竞争力就弱了；而老外的东西就便宜起来，市场的竞争力也便强了。所以，人民币升值是一石二鸟：减少出口还增加进口。而相信现在你我都明白出口为什么不能掉下来了。既然这样，不如主动增加进口，一来利国利民，二来还能堵住老外的嘴，实现外贸平衡。何乐而不为呢？

　　　　　　　　（本文载于《凤凰周刊》，2011年第7期）

"依靠内需"仍是望梅止渴

自2007年受美国次贷危机所累,全球经济三年来一路狂泻,如落花流水,一片惨不忍睹之状。中国却是风景这边独好,经济连年保持高速增长。不过,覆巢之下,安有完卵,出口还是深受其累,去年我国出口总额负增长了16%。好在有国家四万亿投资保驾护航,经济增长率是保住了,不过坊间从此对外需是一片嘘声,似乎自此"西出阳关无故人",拉动经济只能靠内需。

乍一听是合情合理。经济危机之下,各国同甘可以,共苦免谈。以邻为壑的贸易保护行为层出不穷,贸易壁垒更是千奇百怪,无所不有。中国出口的老东家美国更似患了"三高"综合征:高失业率、高负债率、高反倾销税率，对"中国制造"拒之千里。既然东西没人要，还谈什么外需拉动经济？

问题是，如果外需不行，内需就行吗？

内需大体可分三块：消费、投资和政府购买。去年的经济高速增长，政府投资和政府购买占了大头。但政府退出是早晚的事。既然政府拉动经济风光不再，消费和私人投资似乎就成了中国经济增长的最后一根稻草。可是，消费和私人投资却分明是心有余而力不足。

为什么这么说？先来看三个指标。

第一个是城镇化率。当前我国的城镇化率是45.8%。就是说，只有四成六的人在城镇"享福"，另外五成四的人分散在广袤农村。请注意，这个指标是指"城镇"，既有像京沪穗这样的一线大都市，也有边陲小镇，所以这个指标对我国的城市化率是往高里算的。但即使如此，相对于欧美高达80%的城市化率，还是难以望其项背。当然，萝卜白菜各有所爱，可能有人更想住在农村。问题是，农民的收入比城里人低多了，平均不到城里人的三分之一（2009

年城乡收入比为 3.5∶1)。55% 的农民即使想消费,腰包里也没钱。

那城里人就敢烧钱吗？再来看一个指标：边际消费倾向率。粗略地讲，口袋里多揣了一块钱，你愿意花掉几毛？最近日本名古屋大学的一个研究发现，我国的边际消费倾向率约为 0.54，基本上也是全球最低。看来，城里人也舍不得花钱。事实上，边际消费倾向率是一个长期慢性指标，它受一国的文化风俗习惯等影响。中国人的好储蓄是早就出名的。不过，事出总有因。原因也好想，看看一线城市高得离谱的房价，还想不想存钱买房娶媳妇？医疗社保跟不上，谁又敢随便花钱？

最后一个指标，人口抚养比率，跟需求不大沾边，但跟供给却是莫逆之交。人口抚养比率是一个经济中老幼人口与全部人口的比例。数字越小，说明社会中充裕劳动力越多。去年我国的人口抚养比率是 0.39，基本上也是世界最低水平。人口大量集中在农村，农村青年又纷纷进城奋斗谋生。因为有源源不断的农村劳动力涌入，加之每年大批的毕业生加入工作大军，很多企业都是一职难求，薪水更是少之甚少。除去支付便宜的劳动力成本，企业的大部分剩余利润便用于追加投资，造成很多行业产能过剩。当然有钱的都是国企，中小企业因为借贷限制等诸多困难都朝不保夕了。老百姓囊中羞涩，企业又不断扩张，形成了巨大的供需缺口，内需如远水解不了近渴。剩下的东西，还得卖给老外。

　　说到外需，经济危机致使老外的荷包在缩水，还有钱为进口品买单吗？没关系，化整为零，分割销售。虽然世界经济总体下滑，但仍然有一些新兴工业国家逆流而上，比如巴西和印度。近年来，这些国家从我国的进口量逐年攀升，正渐渐成为我们潜在的大客户。

　　再说美国，虽然经济下滑，失业率居高不下，但究竟会多大程度影响到购买"中国制造"呢？去沃尔玛看看吧，真是吓人一跳，里面充斥着大量质优价廉的中国货，很多东西和国内的价格不相上下，甚至比北京的大超市更便宜。要知道，美国人的平均年收入算成人民币差不多有 20 万，有多少中国人能有这种收入水平？况且美国人不用为冲破天的房价担忧，也不用担心看病养老，生活基本没有后顾之忧。更何况，这些便宜货几乎都是生活必需品，从日杂用品到衣物、儿童玩具、厨房用具、电器甚至五金配件，哪一个是生活中少得了的东西？需求弹性如此之低，就算经济危机也影响不了多少。而其他致力于成为世界工厂的发展中国家，不是国家太小就是起步太晚，短期内都无法和中国匹敌。前两年有本美国人写的畅销书叫《离开中国制造的一年》，看看他们家一年不买中国货的悲惨日子，就完全不用为我们出口品的销路担心了。

有人可能会问，中国不是早晚也会面临老龄化问题吗？外需拉动经济的红旗还能扛多久呢？老龄化是所有国家的人口演化都终将面临的问题，但是早晚有别。这个问题对于发达国家已经迫在眉睫的时候，发展中国家还有很长时间的人口红利可以利用。有学者估算过，中国的人口红利能继续保持至少十几年时间。换言之，在未来的十几年里，中国都有廉价劳动力继续为出口做后盾。

当然，靠人不如靠己，出口拉动如涸泽而渔，终究不是长久之计。在发达国家这些成熟的经济体里，内需都是重头戏，美国每年的消费占国民生产总值的三分之二。而在我国，消费只有三分之一强，内需拉动仍然是水中花镜中月，可望而不可即。我们的经济要走向成熟完善，路漫漫且修远。表面上看起来是出口和内需的争执，掩盖的其实是利益的种种冲突。行路难，多歧路，与其依靠内需望梅止渴，不如先靠外需解决燃眉之急，取天下需先借荆州。要得长久，还是先保眼前吧。

（本文载于 FT 中文网，2010 年 8 月 19 日）

对 iPad 应怎么征税？

近日海关规定，对 iPad 类产品以 5 000 元为税基征收 20% 的行邮税。简单地说，若居民从国外带回或邮寄一件价值 3 000 元的 iPad，入关时得交 1 000 元的进口关税。这引发了公众的广泛关注和争议。此前商务部已就此向海关总署发送了一份咨询函。

据了解，商务部咨询函包括如下内容："手机（如 iPhone）、电子书（如 Kindle）和平板电脑（如 iPad）应归入哪一类产品？完税价格和税率各是多少？""目前携带计算机类产品出境如何申报？""计算机类产品按 5 000 元征税是否过高？是否需要进行调整？"等等。

商务部相关人士近日也对媒体表示，缴税是每个公民的义务，打击走私是海关应尽的职责。但是，对个人自用物品入关征税，应适当宽松，不能有惩罚性。不过，迄今为止，商务部上述咨询函还未得到任何回复。

对 iPad 等数码类产品征收行邮税，究竟是否合理？又会对中国计算机类产品的进出口产生怎样的影响？

北京大学中国经济研究中心副教授余淼杰认为，"对手机数码类电子产品入关，征收 20% 的行邮税并不合理，理应取消"。

首先，征收行邮关税有损于中国国民的净福利。余淼杰指出，假定中国居民对数码产品的进口需求难以影响其在世界上的价格，那么，征收进口关税会有三种不同效应：一是直接带来了海关的关税收入；二是有利于国内生产同类产品的厂商，如"联想"、"魅族"等，增加了"生产者剩余"；三是提高了消费者购买的国内价格，使"消费者剩余"减少。上述三者对中国国民福利的影响虽然有正有负,但加在一起,总体上是负效应。

但他同时也指出:"事实上中国是手机数码类产品的消费大国,可能有力影响世界价格。在这种情势下,征收行邮税,造成的国民福利损失依然存在。"这是因为,大国征收关税的贸易政策在一定程度上是"以邻为壑",容易遭受贸易报复。

其次,对手机数码类产品入关征行邮税是否符合WTO规则?余淼杰认为,根据WTO《信息技术协定》,IT类产品要逐渐将关税降至零,而中国早在2005年就对计算机类产品实行零关税。但是,行邮税却有所不同。

目前的所谓行邮税,事实上是把增值税与关税合并计算,国外也有约定俗成的先例。但正如商务部人士在接受媒体采访时所指出的,以增值税17%的适用税率计算,20%的行邮税还是太高了。

再次,就算对iPad征收行邮税合情合理,余淼杰认为,对中国整体而言,仍然有些得不偿失。"试想,为避免漏收,海关得额外增加多少人力物力?就算海关机构觉得征税责无旁贷,那么公民入境时为此排队的时间也大大增加,这也会造成福利损失。"

他提醒说,目前 G20 峰会正在召开。中国领导人多次强调应杜绝形形色色的贸易保护主义。如果中国因征收行邮税而授人以柄,成为贸易报复的借口,可谓是"捡了芝麻丢了西瓜",得不偿失。

(本文载于财新网,2010 年 11 月 14 日,由实习记者游五岳改写)

如何纠正我国经济外部失衡？

目前（2010年）G20峰会要讨论的一个重要议题是各国如何通力合作以纠正外部经济失衡。这就给各国政府出了一个难题：经济危机一来，各国贸易保护政策此起彼伏，对外贸易就更加失衡。而现在要纠正贸易失衡，首当其冲的问题是如何衡量贸易失衡。

问题乍一看很简单。所谓外部失衡，国际经济学教科书的经典定义就是一国国际收支表的经常账户不为零。由于商品和劳务进出口是经常账户的最主要一块，因此，外部失衡通常又是指一国出口额不等于进口额。问题是，用这种方法定义，那么世界上任何一国的外部经济都长期处于失衡的状态。因为自18世纪以来就很少有国家能够做到外贸平衡，多少都会略有"出超"或"入超"。所以今天 G20 关心的并不是外部失衡，而是一国的对外贸易有没有出现过度失衡。

这就很有意思了。多大程度的进出口差额算是"过度"呢？至今为止，学术界和各国政府都没有一个统一的或者哪怕是建议性的指标。目前笔者与北大国发院中国宏观经济研究中心主任卢锋教授正在研究这个课题。个人的看法是有两个指标可供参考。第一个是绝对值指标，即一国的贸易进出口差额是否大于 1 000 亿美元。第二个则是相对值指标，即一国的贸易进出口差额占 GDP 的比例是否大于 5%。这两个指标的关系是"字典排序"，也就是说，绝对值指标比较重要；而相对值指标则是给定两国在绝对值指标近似的情况下，通过比较它们的经济总量来确定哪一个经济体外部失衡更为严重。具体来说，以第一个指标来分析 2008 年世界各国外部失衡情况，全世界的五大顺差国分别是中国（4 400 亿美元）、德国（2 350 亿美元）、日本（1 570 亿美元）、沙特阿拉伯（1 390 亿美元）和俄罗斯（1 020 亿美元）；五大逆差国分别是美国（6 730 亿美元）、西班牙（1 540 亿美元）、意大利（730 亿美元）、希腊（510 亿美元）和英国（450 亿美元）。当然，如果仅按照一国的贸易进出口差额占 GDP 的比例是否大于 5% 进行排序的话，则前五位应是挪威、沙特、中国、俄罗斯和德国。挪威之所以后来居上，主要是因为其经济规模较小，但估计没人会在意这样一个小国是否有巨大的外部失衡。可见，要真正客观衡量一国外贸失衡情况，对这两个指标进行"字典排序"还是比较科学的。

国际货币基金组织的数据表明，2008 年经济危机前我国外贸顺差甚至是德国的两倍，而中美的贸易顺差更达到 1 700 亿美元左右。问题是，中美的外贸失衡真有那么大吗？不然。这里面有一个计算口径不同的问题。美方在计算中国的出口时，是把香港地区的出口也算为我国的出口。而商务部在计算我国对美国的出口额时，则不包括从香港地区境外转口出去的贸易。更为重要的是，加工贸易占我国出口的半壁江山，所以，我国巨额的出口额并不代表着同等程度的出口附加值。举个例子，一个从中国组装完毕出口的

iPod 是 209 美元，但在我国的附加值却只有 9 美元，所以，在讨论外部失衡时，一味强调出口额是有一定的误导性的。

有意思的是，一国出现外贸赤字，对该国的经济发展就一定是坏事吗？答案是否定的。国际经济学的基本知识告诉我们，如果一国私人储蓄小于投资，或者出现财政赤字，就会出现贸易赤字，所以就必须向外国融资。这本身是无可厚非的。你可以用信用卡向银行预支，那国家为什么不能向外国借钱？问题的关键就在于是储蓄小于投资导致赤字，还是财政赤字造成贸易赤字。如果是国内投资机会增加，而国内居民储蓄不足以融资的话，则向外国借钱没什么不行的。因为借到的钱会用来投资，这会促进经济的增长，并提供更多的就业机会。而如果说是因财政赤字而向国外融资的话，那就是典型的"寅吃卯粮"。反观美国近三十年来的经济发展就很明白了：80 年代美国主要是借钱来支持高消费，支持"军备竞赛"，而 90 年代则是借钱来支持高科技行业发展。到了新世纪则又反过来了，借钱去打伊拉克。这也就部分解释了为什么克林顿在美国会有那么高的民意支持率。

反过来说，一国出现外贸赤字，对该国的经济发展就一定是好事吗？答案是不一定。以我国为例，在缺少外汇储备的新中国成立之初，有一点美元储备是"手中有粮，心中不慌"。但在贸易顺差大了，外汇储备也多到 25 000 亿美元时，则不见得是皆大欢喜的事。这是因为，贸易顺差国赚到美元以后，当然不会像守财奴那样把美元藏在地窖中，相反它要寻找投资机会。那么如何保证现有外汇储备的保值增值就不再是一桩轻松的事了。某种程度上这也难为了国家外管局、中投、汇金这三家龙头老大了。

如果仅是保值增值的麻烦，那还是小事一桩。更麻烦的事在于巨额外贸顺差还会带来所谓输入型通货膨胀。道理很简单。我国外贸企业得到美元之后，必须到国家那里换成人民币。这样一来，相当于央行变相地向市场发放了更多货币。更多的货币追逐定量的商品，自然就造成了物价上涨。在这种机制下，外贸顺差越大，国内通胀压力就越厉害。可见，外贸顺差也不见得都是好事。

再深入一点。为什么这些年来我国的外贸顺差会这么大,而且越来越大?最主要的原因是我国在改革开放以来一直推行"出口导向"的经济发展战略。简单来讲,就是发挥我国要素禀赋的比较优势,学亚洲"四小龙",出口劳力密集型产品,进口资本密集型产品。毋庸置疑,出口导向的经济发展战略很成功,它使我国在过去30年来保持着每年近10%的经济增长速度,从而创造了中国经济奇迹,并坐上了全球经济第二大国的宝座。笔者先前同北大国发院中国经济研究中心主任姚洋合作的论文也解释了"出口导向"的经济发展战略在未来五到十年内依然是我国经济发展的必然选择。

但问题在于"出口导向"的经济发展战略也必然会导致国家有巨额的外汇储备,外部经济过度失衡。再加上我国于2001年加入世贸组织,出口更为顺畅。新世纪以来外贸顺差剧增。而如前所述,外贸顺差又会推动国内通胀,所以必须加以纠正。再者,由于未来我国十年内人口老龄化严重,劳动力相对丰富的优势也将逐渐消失,这又会对我国现在的"出口导向"的经济发展战略提出严峻挑战。所以如何纠正我国的外部经济失衡就成为当务之急了。

我的个人观点是：我国应逐渐采取"贸易导向"的发展战略来纠正外部过度失衡。什么是"贸易导向"的发展战略呢？它有两个层次，一是坚持出口，二是扩大进口。两者不可偏废。目前的一种主流观点是要扩大内需。这本身没错，2009年我国的消费约占GDP的三分之一，而美国是占了三分之二，的确要扩大。但问题是我国现在人均收入只有四千美元，不足人家老美的十分之一。口袋里没钱，怎么扩大内需？而坚持出口有两个好处：一是提供更多的就业机会。我国目前制造业吸收了总就业人口的27%，而制造业自然是出口的大头。所以，出口不能废。二是只有企业出口了才能赚到钱，企业有了钱，职工才可能会提高工资。而只有扣除了物价水平后的真实工资上升了，居民才有可能多消费，"扩大内需"才能做实。

不过，这里笔者要强调的是我国应扩大进口。具体讲来，这有几个好处。

第一，扩大进口能提高企业的生产率。诺贝尔经济学奖得主克鲁格曼教授早就指出"生产率不是一切，但在长期中近乎一切"。扩大进口首先意味着进一步发展加工贸易。经济学实证研究已表明，进口加工品具有更高的质量，可使企业产品质量提高，在竞争中处于更有利的地位。扩大进口同时也要求政府进一步推行自由贸易，即对关税和非关税壁垒的进一步减免，这样一来，国内企业面临更激烈的国际竞争，在市场经济中实现优胜劣汰，从而有利于行业整体生产率的提高。

第二，扩大进口能减少通货膨胀的压力并改善经济结构。如果国家不要求企业出口所得外汇上缴换汇，而企业用这些美元直接进口，那么通货膨胀的压力自然也不复存在，或者至少不那么大。而从宏观供给面而言，如果进口更多的资源类产品，我国的能源问题也可以得以部分解决。

第三，扩大进口有利于避免潜在可能的国际贸易战。再回到中美贸易失衡的话题。由于中美贸易顺差占了我国外贸顺差的一大块。所谓"打蛇打七寸"，解决了中美贸易失衡问题就解决了我国外贸失衡问题的大头。如果我们把对美贸易顺差用来直接购买美国产品（比如买波音飞机），则比购买巨额的美国国债要强，这样人家的量化宽松政策对我们的影响也就不大了，我们也无必要再为巨额外汇储备的保值增值问题而想破脑袋。

当然，回到微观主体上来，企业要进口，首先必须有美元，那钱从哪里来呢？还是要靠出口。所以说贸易导向发展战略中的出口和进口两者互为依存，不可偏废。而这样一来，自然也就不存在所谓外部过度失衡的问题了。

中国经济短期内仍靠外需

在围绕中国经济转型的讨论中,一种声音已经成为主流,即中国经济应当尽快从以出口驱动,转向以内需驱动。这种想法"看上去很美",但实现的可能性究竟有多大?在我看来,短期内不大。

从历史经验来看,发展中国家经济上赶超发达国家,基本有三条道路:一是以进口替代政策为导向;二是以贸易自由化为导向;三是以出口为导向。哪一条路适合中国呢?基于目前的国情,我认为在短期内,经济增长仍要靠外需,从长期看,则应坚持走一条新的、第四条道路:坚持贸易为导向——在坚持出口的同时强调进口,和坚持对外开放——以贸易带动经济发展。

为什么这么说呢？首先让我们对前三种战略模式作一个简单的国际比较。

　　进口替代的发展战略从保护本国企业的角度出发，通常是对进口品征收高关税。这一战略形式在六七十年代非常流行，其经济学上的理论支持可以上溯到19世纪德国经济学家李斯特的"保护幼稚产业理论"学说。很多发展中国家，如秘鲁、巴基斯坦、土耳其都采取过这种发展模式，但结果差强人意。相比之下，以东亚"四小龙"为代表的新兴工业国从六七十年代起，基于本国的资源要素禀赋，坚持出口其具有比较优势的产品，采取出口导向的战略模式，经济得以迅速发展。我国此前30年改革开放的经验，基本上也可以总结为遵循出口导向的发展战略模式。

　　那么，出口导向的发展战略模式目前是否仍然适用于中国？答案是，在短期内依然管用。原因正如我上期专栏所说，以内需拉动经济在短期内是"望梅止渴"，只能是个美好的愿望。这可以从供给面和需求面加以说明：

　　从供给面看，我国目前很低的人口抚养比

（39%）决定了劳动大军资源充足，企业得以以相对较低的成本获得劳力资源，保持相对较高的利润率，这反过来让企业有动机生产更多产品，从而可能造成过度供给。这就部分解释了为何某些行业出现了产能过剩的现象。从需求面看，目前我国相对较低的城镇化率（45%）和城乡收入失衡（城乡收入差距比为3.5倍）决定了消费无法在短期内迅速提升：超过一半的消费者都是生活在农村的穷人。也就是说，我国消费不足的现象难以在短期解决。因此，出口成了唯一解决市场出清的办法。

当然，这一观点可能会受到三个方面的质疑。第一，当前外需疲软，出口是否会受到很大冲击？第二，大额贸易顺差是否会加剧我国受到的"操纵汇率"的指控？在国内则加大通胀压力？第三，未来十年我国必然会面临的老龄化问题，又将如何影响出口导向的发展战略？

第一个问题比较容易回答。全球经济危机导致我国出口在2009年出现萎缩，出口增长率比2008年低了16%。一些人据此认为出口导向的发展战略走到了尽头。我以为不然。首先，2008年出口额是我国的历史最高点，2009年以此为基点作比较，增幅自然会低。其次，尽管一些国家面临经济"二次探底"的风险，但中国出口已明显走出了经济危机的阴影。以数据为证：今年上半年我国出口额为7 040亿美元，不仅远高于去年同期水平，也高于2008年同期的历史最高水平（7 000亿美元）。根据历史经验，下半年我国出口额通常还会高于上半年的水平，主要原因是下半年的感恩节、圣诞节等节日会提升西方国家的进口需求。这样，今年我国的出口额超过2008年再创历史新高，几成定局。而且看不出短期内有其他经济因素可以改变靠出口拉动经济的现实。那么，短期究竟是多短？我的理解是五年内没有问题，十年内问题不大。

第二个问题涉及汇率，这个问题本文暂不全面展开讨论。但即使人民币快速升值，我国的总出口依旧会保持强劲的增长势头。以2006年至2008年间的数据为例：这三年间人民币汇率上升近20%，但出口依旧迅速攀升，并在2008年达到1.4万亿美元的高点。当然，笔者近期用同期的企业微观数据研究表明，人民币升值10%，我国的出口额将下降16%。也就是说，如果人民币不升值，则自2006年以来，我国的出口将增长得更快。当然，大额的贸易顺差会对国内经济造成一定的通胀压力。这是因为按规定，出口企业必须把出口挣到的美元换成人民币，这相当于间接增加了流通货币的供给。但是，也应看到，如果我们能合理运用手中的2.5万亿美元储备——比如用于购买企业发展所需的核心高科技含量机器设备，则是一桩好事。对于外汇占款带来的通胀压力，一方面，政府可以采用"逆风而动"的货币政策，如提高存款利率、提高银行储备金加以调节；另一方面，更可以通过设定城市最低工资标准等方式来提高居民的真实工资水平。

当然，提高工资以抵消因出口创汇而产生的通胀压力似有循环论证之嫌，因为如工资上升，企业的成本优势下降，又如何能保持出口优势？回答是，中国企业从国际贸易中得到的不只是外汇，更重要的是通过规范生产管理方式、改进生产方式从而实现企业生产率的提升。换言之，企业的增长不是靠"粗放式"的大规模低价格要素投入，而是通过出口实现"集约式"的技术进步。能否"边出口边学习"，提高生产率，是企业能否在竞争中生存下来的核心关键。正如2008年的诺奖得主克鲁格曼教授指出的，生产率不是一切，但在长期中近乎一切！

所以，个人觉得，中央十一届五中全会的一些提法确有其科学之处。会议首先指出要让"消费、投资、出口"三者保持协调发展。既然是协调发展，就是三方面都要发展，不同年份则具体情况具体分析，哪一块不行就靠其他两块。如去年出口不行，就靠投资，个人投资拉升乏力，就靠政府投资。当然，长期来说应培育内需，消费上去了，居民效用水平满足程度才有可能上升。不过，关键的问题并不是经济增长依存方式本身，而是增长依存方式背后的东西——以我的理解，那就是企业的生产率和竞争力。会议公告的第二句话——应"培育消费的长期机制"——则更是微言大义。注意，这里强调的是"长期"。事实上，只有先靠出口把产品卖出去，实现了盈利，才有可能提高工人工资，从而提高居民消费能力。收入不上去，增加消费自然成为无源之水。

第三个问题涉及人口红利的消减。的确，我国的老龄化现象在十年后会比较严重，这会严重冲击劳力密集型产品的出口。这也是本文所强调的：出口导向的战略模式只是我国经济在"短期"内的必然内生选择。但是，通过调整职工退休年龄，可以部分抵消人口红利消减的影响。比如说，男职工退休年龄可提高到 65 岁，女职工则可提高到 60 岁。当然，十年之后，我国应该升级到另外一种发展模式，我把它称为贸易导向的发展战略，即重点不在于保出口，而在于全方位参与全球经济一体化。它的具体内容与含义，限于篇幅，容下期再探讨。

（本文载于 FT 中文网，2010 年 11 月 11 日）

逆差惊现 人民币汇率何去何从？

NBD（《每日财经新闻》）记者：逆差是怎么造成的？

余淼杰：中美贸易差由来已久，80年代美元逆差不大，真正拉大差距是在2001年中国加入WTO之后，突破1 000亿美元大关。逆差拉大是由两国的比较优势所决定的，我国的劳动密集型产品成本便宜，产品价格有比较优势，大量出口，造成贸易逆差。

NBD记者：3月份哪些商品存在大规模进口？

余淼杰：3月份的逆差到4月10日才能统计出来，但是我有两点想法：一是3月份最终能否出现贸易逆差还不一定；二是即使出现逆差，也不会太大。

3月份已经过去的20天的贸易进出口情况,与1月份和2月份相比在进口品的质上并没有太大的区别,大规模进出的是原材料和加工产品。从这点上看,并不特殊。之所以强调这一点,可能有政治上的考虑。

NBD记者:是否意味着出口再次震荡下跌?

余淼杰:我认为,今年的出口肯定要比去年好得多。也许很难达到2008年的水平,但肯定比2009年好。会不会震荡性下跌?我想不会。近期的逆差,有可能是出口减少进口增加,但更有可能是出口大幅度上升,进口快于出口的上升。更为重要的是,2月份出现的进口产品,基本是原材料和再加工。我的意思是,观察到3月份进口上升,如此推断5月份会有大幅度的上升,为什么?因为工厂加工需要一个过程,先进口后出口。

NBD记者:出口增长前景如何?

余淼杰:对出口增长前景的预测,可从短期和长期两个方面看。短期看,1月份和2月份的增幅为正,3月可能是负,但逆差很小。实际上,没有必要太在乎这个微小的差距,因为季节性因素很强。为什么2009年12月份出口多,2010年1月份出口少?因为12月份有圣诞节。为什么我国的进口多?因为我们有春节。

我认为,人民币短期内,特别是上半年不能也不应升值。因为我国的出口情况自全球金融危机以来,是从去年11月份才开始好转的。如果短期内升值,对出口企业的负面影响会很大。但如果中美贸易摩擦力度增大,则今年下半年有可能会小幅升值。但即使升值,幅度也不应太大,最多从6.8升到6.6就差不多了。在未来5年内,我认为拉动经济增长就得靠出口。一是由于我国当前的人口抚养比较低,这造成劳力相对于国外便宜,而这又会造成企业利润盈余相对充足。企业钱多了就加大投资,不断生产,造成过度供给。二是我国城镇化率很低,2009年是45.8%,意味着55%的人生活在农村。2009年统计的城乡差距是约1:3.5,因此,消费就上不去,内需不足。这样唯一保证市场出清的办法就是出口。从这个层面上讲,拉动经济增长就得靠出口。现在把经济增长点放在拉动内需，我认为长期看是对的，但在短期内，内需很难很快拉起来，因为居民的边际消费倾向在短期内是很难迅速提高的，而居民收入在短期内也看不出有大幅上升的理由。

NBD 记者：*逆差是否会持续？对"保八"的影响如何？*

余淼杰：我判断，逆差不会持久，最多两个月。即使 3 月份出现逆差，到 5 月份也会出现顺差，并有可能是大幅度的。逆差对"保八"不会造成影响，今年"保八"本身就是一个谨慎的说法。

NBD 记者：*3 月份逆差是否有助于缓解人民币升值压力？中国首次通过最高领导人公布单月上旬数据，恰逢钟山赴美谈判，这个姿态值得商榷。*

余淼杰：我认为明显有。因为首次通过最高领导人公布单月上旬数据，商务部领导也赴美谈判，我认为这更多的是表现一种姿态。之所以出现这种情况，我们看看历史事件就明白了。2005 年 7 月人民币第一次升值2%，为什么是 2005 年升值而不是 2006

年或 2007 年？两个原因：一是当时有个协议到期（即多种纤维协议）。发达国家对中国的纺织品出口进行限制，中国每年向欧美出口的纺织品上限在 10% 左右。多种纤维协议是 10 年期，2005 年 1 月到期。所以，2005 年就出口了大量的纺织品，造成欧美恐慌，要求人民币升值的呼声加大。另一方面，我国国家领导人准备在当年下半年访美，有政治上的考虑。当前美国提出让人民币升值，那么我们则可以拿出 3 月份的逆差说话，最近没有顺差为什么还要让我们升值？

NBD 记者：美国的"经济平衡"战略，借平衡之名向中国贸易顺差施压，进而向人民币施压。中国的围魏救赵恐怕不是长远之计，真正需要改变的是什么？

余淼杰：这个问题比较深刻。人民币能不能升值？上半年没可能，下半年有可能。现在，关键是要改变世界货币支付体系。因为我们挣到的钱是用美元计价的，美联储多发货币就是对人民币贬值制造条件，所以，应该改变美元独大体系。有两种思路：一是让人民币做世界货币,这种思路长期看可能,短期内不行。另一种可能,去年周小川行长提出用特别提款权作为一种货币支付体系,提款权号称"纸黄金",这种可能性要比第一种大得多。

NBD 记者: 美国真正需要的是对美的逆差,问题是现在中国高新技术对美出口居然还有高额顺差,美国想让我们进口什么?我们想进口什么?找到这个共识,才能缓解中美经贸摩擦。否则我们是否可以采取"敲山震虎"的措施,加大从欧洲等地的进口?

余淼杰: 尽管我们出口劳动密集型产品,宏观方向是正确的,但比较优势是个不断变化的过程。从1976年到1986年,我国主要出口的是资源丰富性产品;1995年到2005年,主要出口的是机械产品;2001年以后,我们的高新科技产品出口已经排到了全球第一。中国高科技产品的出口占世界的比重是15%,美国是12%,德国是9%。美国想从中国进口什么?这就涉及了一个非常有意思的现象,叫同行业内贸易。这种贸易模式不再像过去那么简单,都是跨行业贸易,你出口机械品我出品纺织品,现在事实上存在着大量的同一个行业内互有进出口的现象。美国应该认清一点，贸易赤字并不是一件坏事。贸易逆差和贸易赤字都可以改进社会福利。

（本文载于《每日财经新闻》，2010年1月4日，有删节）

中国如何避免增长陷阱?

去年全年经济数据公布,证实了我国GDP总量超过日本,成为全球第二。但在这个令人振奋的消息后面,还有一个不争之实。2009年我国的人均国民总收入(GNI)只有3 650美元,排全世界第125位。不过话说回来,中国人均国民收入的增长还是挺快的:记得我2006年辞去香港大学的教职回北大时,人均国民总收入刚超过2 000美元。之所以增长这么快,一方面是因为GDP总量快速上升而人口增长不快,另一方面则是因为人民币五年来升值近20%。换句话说,就是国人有一部分是"被富"起来的。

不过,收入提高了,总应该说是好事。按照世界银行的划分标准,如果一国人均收入高于3 946美元，低于 12 196 美元，就归为中高等收入发展中国家。如此看来，中国马上就要进入中高等收入国家俱乐部了。问题在于，一国一旦步入这一阶段，经济很容易从此徘徊不前，人均国民总收入无法继续快速爬升，从而无法顺利迈进高等收入发达国家行列——这就是所谓的"中等收入国家陷阱"。典型的不幸之国有阿根廷、巴西、墨西哥、马来西亚和南非。

当然，几家欢乐几家愁，也有顺利从中等收入阶段迈入富国行列的，如日本、新加坡、韩国、匈牙利等。

为什么有些国家会掉进"中等收入国家陷阱"呢？各国具体情况不同，家家有本难念的经，不过，也还是有一些共性的。通常来说，发展中国家人口或自然资源丰富。它们根据本身的要素禀赋，发挥比较优势，生产并出口劳力密集型或资源密集型产品，要把人均收入从低收入水平提升到中等收入水平，是相对比较容易的。但是，随着 GDP 增长，人口红利逐渐消失，自然资源日益稀缺，原先的粗放式增长方式难以为继。如果不能提升企业生产率，要实现经济再次飞跃，是相当困难的。这就好比小学生考试，要从60分升到80分，加把力应该不太难，但要从90分升到100分，则是举步维艰了。

近日北京大学国家发展研究院黄益平教授与亚洲开发银行研究院共同组织了一个课题，邀请国内外近二十名专家学者联手研究中国如何才能避免掉入"中等收入国家陷阱"的问题。课题内容很广，涵盖了宏观、人口、货币、金融等方面。本人负责的是产业链提升和外贸，而目前学界一般都认为，一国能否避免掉入这个陷阱，关键在于它能否提升产业价值链。

何谓产业价值链的提升？从宏观层面说，它是指从产品附加值较低的初级产业提升到附加值较高的制造业。从微观视角看，它则通常指企业产品制造沿着所谓的"微笑曲线"移动：从低利润的制造曲线底端向两头——研发和营销——发展，也可以说是新世纪的"放开大路，占领两厢"策略。

那么如何提升产业价值链呢？最直接的方法就是提高生产率，提升出口产品复杂度。

什么是出口产品复杂度？就是一国所有出口行业收入的加权平均值。撇开复杂的计算公式，说白了，一国出口产品复杂度越高，它生产的产品就越尖端，技术含量就越高，也就越容易实现产品价值链的提升。

运用联合国提供的高度精细的COMTRADE数据库计算，笔者发现：相对于陷入"中等收入国家陷阱"的上述五个不幸之国，中国2000年出口产品复杂度仅高于阿根廷和巴西，低于墨西哥、马来西亚和南非。但到了2008年，我国出口产品复杂度不仅高于所有这五个国家，并已接近新加坡和韩国。从这个角度看，中国的出口产品还是很有国际竞争力的。哈佛大学的Rodrik教授也有类似的发现。

不过，这远非问题的全部。我们知道，中国的加工贸易比重很大，占我国出口额的半壁江山。我们不单要看出口产品复杂度，更要关注产品附加值。以苹果公司的iPod为例。我国生产的一台iPod的出口值是209美元，但在我国实现的产品附加值只有9美元。这里面有个"外包"的故事。笔者的博士生导师、美国加州大学的 Feenstra 教授是全世界公认的研究此类问题的专家，具体故事下篇再展开。本文想说的是，通过分析我国规模以上工业企业数据库，我们发现，2008 年中国各行业的产品附加值相差很大。机电设备、化学光纤行业的产品附加值较低，而原油、烟草和采矿业的附加值较高。这主要是因为自然资源行业的中间产品投入比较少，而机械行业的中间产品投入则比较高。

当然，要实现产业链的提升，关键在于提高企业的生产率。正如诺贝尔经济学奖得主克鲁格曼所说：生产率不是一切，但在长期中近乎一切。不过，克鲁格曼以为，大部分亚洲国家的经济增长靠的只是要素投入的增加，并没有实现全要素生产率的提高。别的国家现在还不敢说（受亚行的另一委托，笔者也正在作印度及东盟十国生产率的研究），中国则不尽然。新世纪以来，我国规模以上的工业企业平均全要素生产率，十年来提升了 15% 左右。而更有学者指出，如果矫正要素市场扭曲的话，中国的全要素生产率能至少再提高 25%。

问题是,成绩只代表过去。要想使我国避免掉入陷阱,关键是要保证我国的全要素生产率继续提高。宏观政策层面上,这需要政府保证各种要素的市场合理配置。而对企业而言,更重要的是"练内功",增加产品的研发投入。微观数据表明,2007年规模以上的工业企业平均研发投入是480万元,为2000年研发投入的3倍。那么,研发投入的增加到底能否促进企业生产率的提升呢?答案是肯定的。笔者与我们的一名博士生戴觅近期的研究表明:企业出口之前的研发投入可以提高出口产品的生产率,研发投入对于新出口企业生产率的提升有2%的贡献。

再挖下去,谁来实现企业的研发呢?说到底,这就得提高劳动大军的人力资本。目前按国家财政预算,教育支出只占GDP的4%,2008年真正实现的只有3.48%,教育支出占人均国民总收入(GNI)则只有2%,比起美国的5%实在过低,要赶上去还有很长的路要走。

当然,保持中国经济的强劲发展是一个系统工程，但关键是要实现产业链的升值。在政策上，笔者建议，一是要保证各种要素的市场合理配置以提升生产率，二是要增加教育投入，提高人力投资。

（本文载于FT中文网，2011年2月4日）

"中国式"外贸

如果说中国经济的发展有一个独特的"中国模式"的话,那么中国的出口是否也有与众不同之处?中国外贸的发展速度相对于 GDP 的增长速度,可以说是有过之而无不及。中国的出口增速在全球首屈一指。改革开放之初,中国出口占全球出口比例不到 1%,出口值排名第 34 位。到今天,中国出口占全球出口约 10%,高居榜首。

2009 年,受全球金融危机影响,中国出口比 2008 年的历史高位下降了 16%,本来无望从全球第二大出口国的位置上晋级。但无独有偶,德国受危机拖累,出口更是锐减。这样,中国就在 2009 年坐上了商品出口第一大国的交椅。

那么，中国出口有没有一个独特的"中国模式"呢？

乍一看，似乎没有。IMF曾经做过一项研究：如果以亚洲各主要工业国的经济起飞的不同年份作为出发点（比如说，日本取1955年，韩国取1966年，新加坡取1967年，中国取1979年）来比较的话，中国经济的增长速度并不足为奇。在经济起飞后，所有这些国家的出口增长速度都很快。所以，中国出口的增长也许是采取出口导向型发展模式的必然结果。

但显然，这并不能解释问题的全部。正如哈佛大学达尼·罗德瑞克（Dani Rodrik）教授指出的那样，中国的出口产品复杂度，远高于同等收入水平的国家。按道理，中国是劳力丰富型国家，人口众多，工资较低，相对于外国有比较优势，因而会出口劳力密集型产品。问题是，数据并不完全支持这一理论。事实上，目前中国出口最多的产品不是衣服和鞋，而是交通运输设备和机械产品。

真实世界的实例也与数据相吻合。十年前，笔者自驾车沿90号州际公路横跨美国大陆近两千英里。

路过蒙大拿州时，人烟稀少，好不容易见到路前方有一卡车。踩油门赶上后才发现是专门运送海尔空调的！无独有偶，两年前去帕斯西澳大学做学术讲演，下榻的宾馆房间里就放着一台海信电视。

事实上，今天中国大量存在着同行业内贸易的情况。以机械行业为例，目前机械产品进口约占中国总进口的一半，同时，机械产品的出口也占我国总出口的近一半。

为什么同一行业里，会既有进口又有出口呢？按诺贝尔经济学奖得主克鲁格曼的理论，主要是由于规模经济递增。因为同一行业内的产品虽是大同小异，但对消费者而言，好就好在这个"小异"上，他们喜欢有更多的选择。而对生产者可言，市场的扩大则是同行业贸易的主要原因。

这个解释对中国当然也适用。不过中国的精彩之处更在于有加工贸易。中国从国外进口原材料和中间产品，经过加工之后再卖到国外市场。加工贸易就是今天中国出口最不同于其他国家之处。

说加工贸易是中国模式，不等于说其他国家没有。事实上，像墨西哥、越南这些国家都有加工贸易。但问题是，加工贸易在这些国家的规模从绝对量到相对量都没有中国大。去年，我国的加工贸易进出口总值超过1.1万亿美元，占我国进出口总额的一半。

说加工贸易是今天中国贸易的最大特色，也不是说以前没有。早在20世纪80年代初的广东东莞等地，就有"三来一补"（来料加工、来件加工、来样装配和补偿贸易）。问题在于，当时的加工贸易量相对于现在来说，是小巫见大巫。自1996年后，加工贸易开始超过一般贸易，自此之后，就坐稳了中国外贸的半壁江山。

用海关总署提供的新世纪以来进出口各笔交易进行分析，笔者发现，我国多从日本、韩国进口原材料和中间产品，而出口到欧美的则多是产成品。这就部分解释了为什么美国与日本均为大国，但中国对美有大量贸易顺差，而对日本则多为贸易逆差。

加工贸易的存在还解释了当前中国企业出口之谜。目前国际贸易学界有一个很重要的争论，就是中国出口企业的绩效好，还是国内企业的绩效好。理论通常认为，出口企业绩效更好。因为企业要出口，必须到国外联系进口商，设立销售渠道和销售网络。这些出口的额外成本就要求出口企业有更好的绩效。

但在中国，事情并没有这么简单。日前笔者与加州大学 Robert Feenstra 教授、上海财经大学李志远博士合作的课题发现，中国出口的绩效与非出口企业绩效孰高孰低，是应分行业而论的。但总体而言，出口企业的绩效反而要差一点。

为什么呢？原因有多种多样，但主要还是拜加工贸易所赐。更准确地讲，是拜"来料加工"贸易所赐。

加工贸易种类虽然有十六种之多，但最主要的是两类：来料加工和进料加工。在上世纪八九十年代，来料加工占大头，但到了新世纪，进料加工后来居上。那这两大类有何不同呢？

不同之处有二。其一，海关对这两类加工课税不同，对来料加工贸易，海关完全不收关税，既然不收，也就无从谈退税，所以是"不征不退"。但对进料加工,则是过关斩将,雁过拔毛。先征关税,加工完再出口,则给予退税,所谓"先征后退"。

粗看起来,这两者没什么不同,但其中的"小九九"还是很令人寻味的:来料加工完全无税收负担,所以,绩效低的企业也可以做,是个"空手套白狼"的好案例。但进料加工对企业现金流有较高要求,所以只有绩效相对较高的企业才可以跨过这一门槛。

其二,来料加工严格遵循"从哪里来,到哪里去"。加工企业不需要付来料成本费,赚的只是加工费,卖的就是国内廉价的劳动力。因为产品的附加值本来就不高,而这其中又多是劳力密集型的。三下五除二算下来,企业的劳动生产率或者说绩效就低。

进料加工贸易则不同。来源和去向可以不同。比如说,一家企业可以从日本进口核心零部件,在国内组装加工,再出口到欧美。而且企业必须付原材料的成本。也正因如此,企业就有了主动权去调整各种要素投入,从而最优化其生产,最大化其利润。事实上,进料加工企业的绩效是很好的,它们的生产率不但高于来料加工企业,更高于纯国内销售企业。

说白了，来料加工贸易的低绩效拖了出口企业的后腿。既然这样，我们还要不要坚持加工贸易呢？

要！答案很明显。虽然来料加工贸易相对国内企业绩效较差，但它至少可以解决部分劳动力就业的问题。至于发展进料加工贸易，好处就更明显了：

第一，通过进料加工，企业有机会得到质量更上乘的"舶来品"，通过学习其中的核心技术，企业有可能真正利用"他山之玉"，实现核心产品的自主创新。

第二，核心零部件的收入，结合企业的其他原材料及周边设备，是有可能实现"$1+1>2$"的规模递增效果的。最近国外学者利用美国的数据已从计量上验证了这种可能性。

第三，对消费者而言，加工贸易就意味着消费者可以有更多的消费选择。这样，在给定相同支出的情况下，消费者能获得更高的效用。说白了就是：进料加工有利于老百姓用同样多的钱实现更多的消费。

（本文载于FT中文网，2011年6月2日）

中美贸易失衡新解

10月初,美国参议院又通过决议,再次认定中国是所谓"汇率操纵国",认为由于人民币长期低估,造成美国大量工人失业,并使中美贸易失衡。据美方计算,2010年双边贸易美方逆差2 520亿美元。因此,提议如果人民币不短期大幅度升值,将对中国进口品采取惩罚性关税。

美国所提"汇率操纵国"一说,早已不是什么新鲜事了。这次老壶也没装什么新酒。自2005年汇改以来,人民币对美元已升值超过20%。那么人民币升值到底会不会减轻中美贸易失衡呢?

答案很明确:会。笔者近日发在美国一核心学术刊物的论文发现:人民币每升值10%,中国对美国的出口就会下降 16%。换言之，如果人民币这些年没升值的话，那今天我国对美的出口会多出 32%。这的确不是个小数字，也难怪汇率操纵一说在美国大有市场了。

但是，人民币升值就会减少美国的贸易逆差，并增加其就业数吗？这自然也是一厢情愿的事。很多纺织品、鞋类产品如果没有从中国进口，美国还得从印度尼西亚、马来西亚甚至韩国等国进口。举个例子，如果售价 3 美元的中国造拖鞋从旧金山的超市下架的话，山姆大叔可能就得买 14 美元的同等质量的韩国造拖鞋了。怎么样也轮不到去买美国造的 18 美元的拖鞋。美国的就业还是升不上去。用经济学术语讲，资本丰富型的美国在劳力密集型产品上根本就没有比较优势。人民币升值会减少中国的出口，抢走中国工人的饭碗，但增加不了美国的就业。对外贸易逆差依然居高不下。所以，对美国来讲，人民币升值是典型的"损人不利己"。

查下海关公布的中国去年贸易数据，有三个数据很有意思。2010 年我国贸易顺差 1 831 亿美元，对美顺差超2000亿美元，加工贸易项下顺差3229亿美元。

前面两个数据告诉我们，除了中美贸易外，中国与其他近200个国家的贸易总额是逆差的。第一和第三个数据则说明，如果没有加工贸易的话，我国的一般贸易是逆差的。也就是说，中国是从其他国家进口原材料、零部件，在国内加工装配后，售到美国、欧盟去。以在中国装配的iPod为例，进口值是200美元，对美的出口值是209美元。国内的附加值只有9美元，占产成品价格不到5%。但在算我国对美出口时，却是209美元，真金白银一分不少。

所以说，中国是在做全球经济一体化下的"冤大头"，为他人作嫁衣裳。

为谁呢？主要是日本和韩国。目前我国最主要的出口类产品即机械和交通运输器材，主要是从这两个国家进口核心零部件。有数据为证：去年我国对日本的贸易逆差为556亿美元。

也谈不上什么"贸易阴谋论"。硬要套的话，是"阳谋"：如果想照单通吃，有本事就也大力搞研发，生产出核心零部件，赚整个产业链的最大头。事实上，企业能否有研发创新能力，也是我国加工企业升级转型的核心所在。笔者最近有幸作为评审专家，参加商务部等部委组织的广东、江苏部分加工企业升级转型评审，的确看到一些加工企业有较强的创新能力。只可惜，就目前全国层面来讲，这些企业还是凤毛麟角。

话说回来，中美贸易顺差对我国来讲也不见得是好事。最大的问题是会造成贸易拉动的通货膨胀。道理很简单：企业赚了钱，要拿到央行对冲换成人民币存款，再存在商业银行中，银行再贷出去，企业再存。经过这么一滚雪球，1美元的顺差就会变成6.3元人民币，再乘以4到5的货币乘数，市面中就多了30元左右的人民币。过多的人民币追逐等量的商品，冲到哪，哪的物价就上来。回头来，政府还得再疲于奔命地灭火。

另外，央行拿了美元也烫手得很。投美债又担心人家来个"量化宽松"，再出台个QE3。投欧元则更多是政治方面的考虑。想想目前西班牙近21%的失业率，那可是直追1929年的大萧条，当时的失业率也就25%。这样的经济，你做得起"救世主"吗？

给中投等主权基金吧，那说白了，真是一场注定要输的豪赌：全球投资数中国最好，你却要人家到国外觅食！

换个角度，中美贸易逆差对美国来讲也不见得是坏事。因为中国赚了美元，最终大部分还得投资回美国。美国向中国融资就好比我们用信用卡一样，可以增加你的头寸。所以，借钱并没有问题，关键是看如何用这些钱。如果用于投资，那还是可以拉动本国经济的。10年前的克林顿政府就是一个好例子。

不过，话说回来，目前美国的失业率还是9.1%，居高不下。对奥巴马来说，最重要的是创造更多的工作岗位。工人没饭吃，他明年也肯定要下岗。不过，人民币升值的确是于事无补。真正能阻止明年大选那班只会吃德州牛排的共和党人上台的，还得靠他的五年内"出口倍增"计划。

对我国而言，出口一定不能降。出口一降，毫无疑问，出口部门的就业一定会降下来，整个经济也必受其累。但是，超3.2万亿的外汇储备也不是好事，只会使通胀居高不下。所以唯一可行的路就是增加从美国的进口。这至少有以下四个方面的好处。

第一，出口部门不受其累，我国出口部门就业可保。第二，可保证外汇储备不再剧增，物价得以控制。第三，更多的进口品可使老百姓有更多的消费种类选择，或者说以更便宜的价格购买同质产品。第四，可减少人民币升值的压力，也可减少我国出口品在国外屡遭"反倾销"的贸易摩擦。

或许有人会担心，美国对华会有进口限制。我们最近的研究发现，事实上，美国对华是不存在着专门的进口限制的（当然，敏感产品除外）。美对华对印的外贸规定还是比较类似的。而从国内来讲，则可以通过提高对美进口的便利度来促进进口的增加。具体地，可以减少商品进口时间，特别是减少进口贸易中检验环节所花费的时间，再者就是提高进口手续的审批效率并精简目前的进口手续。

所以说，中国增加对美的进口是唯一解决中美贸易失衡的新解，而不是人民币一味升值。

（本文载于FT中文网，2011年11月3日）

TPP：美国的独角戏？

两周前，在亚太经合组织（APEC）峰会上，美国总统奥巴马高调力推目前已有9个成员国的跨太平洋伙伴关系协议（Trans-Pacific Partnership Agreement，TPP），强调将建成高水准的自由贸易区（FTA），10年内实现区内包括农业、制造业、服务业在内的所有商品的零关税，并涉及市场透明、金融监管等领域。同时，力邀日本加盟。但是作为亚洲第一大经济体的中国却没有收到邀请函。

项庄舞剑，意在沛公。美国意欲何为？

在美国看来，这一着可谓"一箭三雕"。

第一，中国缺位的TPP能抑制中国的出口，减少中美贸易失衡。道理很简单，TPP本质就是一个自由贸易区，区内国家商品进口关税为零。如果中国加入TPP，因为比较优势，中国的出口产品比其他APEC国家便宜，美国自然只能从中国进口。但如果APEC国家或一些东盟国家加入，而中国被拒之门外，则中国产品因要负担进口关税，就会丧失对其他国家原有的比较优势。结果自然是美国不从中国进口而从东盟国家进口。这样，中美贸易失衡就降低了。

中美贸易失衡现已让奥巴马头疼不已。上月参议院决议中国为"汇率操纵国"并准备提交奥巴马终裁。为避免中美全面贸易战，奥巴马断然不敢接这个臭球。但为玩平衡术，他就会在其他地方花心思。下来肯定还会对一些中国出口品实行"反倾销"关税或征"特保税"，不过，TPP是目前第一着。

第二，力图通过TPP扩大美国出口，实现奥巴马政府提出的出口"五年倍增"计划。目前，TPP除美国之外还有8个成员国：亚洲的新加坡、马来西亚、文莱和越南，大洋洲的澳大利亚和新西兰，南美的智利、秘鲁。这九国的GDP高达16.9万亿美元，占世界GDP总量的27.2%；如果加上世界第三大经济体日本，TPP 的 GDP 总量则将达 22.3 万亿美元，占世界的 35.5%。在区内实现零关税后，日本等国能够更多地从美国进口产品，帮助其实现出口倍增，从而带来更多工作岗位。

第三，TPP 可以帮助美国从经济上重返亚太，主导亚洲经济一体化进程。自去年元旦中国东盟自由贸易区正式建成后，东盟 10＋3（中日韩）及东盟 10＋6（中日韩印澳新）自由贸易区也在积极酝酿着。美国担心其在亚太地区经贸影响力日渐衰落，所以 TPP 的推出对美国民主党有战略和战术两方面积极的影响。战略上，TPP 可以做实美国在亚太地区的经济影响，遏制中国在该地区的影响力，实现希拉里所提的 21 世纪是美国的太平洋世纪的战略目标；战术上，则有利于美国民主党明年的大选。即使 TPP 短期内在促进就业方面没有明显成效，至少可以在舆论上先赢一着，争得更多民意支持。

所以，不给中国发 TPP 邀请函自然不是个无心之失。说白了，就是老美想重返亚太，在新世纪的亚太经济体中唱主角，而且还只想唱独角戏！

TPP：美国的独角戏？

问题是，美国的这三个如意算盘能实现吗？

首先，如前面分析的，中国缺位的 TPP 的确能够部分减少来自中国的进口品，特别是纺织成衣制品等劳力密集产品。不过，总体作用仍不大。因为目前中国出口到美国的大头是机械电子产品和交通运输设备。这些产品多是加工贸易，即从日本等进口核心部件，再从东亚国家进口其他零部件，中国组装后出口到美国去。即使美国不让中国加入 TPP，也无法从东亚国家或日本直接进口类似产品，因为这是全球经济一体化使然。所以，中国缺位的 TPP 对降低中美贸易美方逆差作用不大。

更坏的是，中国缺位的 TPP 会给美国带来"贸易转移"而非"贸易创造"。如果没有 TPP，中国和东亚国家面临一样的进口关税，而中国的劳力密集产品会比东亚国家便宜，所以会更具竞争力。但中国缺位的 TPP 会扭曲这一经济机理，美国从而改从东盟进口。这样，会对全球经济带来效率损失。

奥巴马的总统经济顾问自然懂得这一国际经济学的基本知识。不过，他们着眼的不是全球范围内更为合理的资源配置，而是美国利益优先。

其次，TPP真能有力地帮助实现美国的出口倍增计划吗？答案是：很难。看一下TPP目前的成员国，不难发现，都是一些蕞尔小国。虽说区内GDP总量高达全球27.2%，但一去掉美国本身的23%，请问区区4%的财富作用能有多大？放弃约占全球10% GDP的中国而着力于这4%，岂不是因小失大？当然，如果占全球8.3% GDP的日本加入TPP，那情况就大为不同。不过，日本真的会力挺TPP吗？这还是个很大的未知数。

日本原先因受"失去十年"所累，再加上全球金融危机拖累，经济本来就停滞不前。今年再受地震、海啸、核泄漏影响，更是雪上加霜。如果加入TPP，目标同样也是为增出口、扩就业。问题在于TPP要求日本开放农产品，而这是日本特殊利益集团的最后一道防线。目前日本政府开出的补贴日本农民的优惠政策不多，无力抵挡开放后美国农产品对它的冲击。

要知道，农民不满意，后果很严重：本届日本政府在选举中会毫无疑问地下课。

所以，如非万不得已，日本首相野田佳彦断不会冒这个险的。

一个中国缺位的 TPP 对亚太地区经济的发展也是不利的。对此，学术界已有共识。作为与 APEC 并行的学术研究组织，由澳大利亚国立大学的 Peter Drysdale 教授于 1968 年发起倡导了亚太贸易与发展组织（PAFTAD），专门邀请包括美加在内的亚太区 24 个国家的经济学家召开年会，研究亚太经贸合作一体化问题。受世界银行副行长林毅夫教授委托，笔者有幸作为中国区唯一代表连续三年参加年会。虽说各年主题不一，但研究结论却十分明确：一个经济快速发展的中国对带动整个亚太地区经济的发展有着举足轻重的意义。

所以，TPP 真正的作用还是在第三点：扩大美国在跨太平洋地区中的经济影响力，并用其服务于地缘政治的真正目的。再联系到奥巴马近日的澳洲之行及在澳驻军，其遏抑中国的目的更是司马昭之心，路人皆知。

卧榻之旁，能容他人酣睡？对中国而言，韬光养晦在十年前是个最优策略，但却不适用于今天。中国自不必等那封也许永远收不到的TPP邀请函。所谓见招拆招，中国政府对此宜有以下至少三个对策。

第一，力挺俄罗斯明年入世。由于TPP的激活，中国对美劳力密集型产品出口可能会受拖累。中国需要寻找新的出口增长点。而就今年出口而言，对华产品需求较高的地方是俄罗斯、巴西和印度。如果俄罗斯能顺利入世，对华进口肯定会稳步上升。这样，TPP对我国出口的负面影响就会有所减弱。

第二，积极推进中日韩自贸区。日本、韩国是中国机械产品核心零部件的主要进口国。对中国而言，对日韩进口品实行零关税增加进口，一方面有利于降低目前的巨额贸易顺差，缓解"输入型"通货膨胀，一方面也可"边进口边学习"，提高本国产品科技含量。

对日本而言，这更是雪中送炭。如果中日韩自贸区谨慎推进，初期不包括要求日本开放农产品的话，日本没有理由不高兴。要知道，在过去的150年中，日本力求"脱亚入欧",最终基本弄得不亚不欧。如能通过中日韩自贸区增加出口,也应是野田佳彦内阁目前的最优选择。

在中日韩自贸区中,因日韩多年的历史积怨,日本自是无法扮演主角的,日本应有这个自知之明。当然,哪怕加入TPP,也轮不到它说了算,还必须开放农业部门。

第三,做实中国东盟10+1自贸区。由于中国多从东亚各国进口原材料,进料加工后出口到欧美。目前中国—东盟自贸区已实现中国对东盟93%产品的贸易关税降为零。这就使得中国无论是加工贸易还是非加工贸易都可零关税地进口原材料。另一方面也可促进东盟各国更多的出口,实现共赢互利。而下一步则应着力推动东盟各国对中国的出口品也绝大多数实现零关税。如此东盟自然会成为中国出口的另一新增长点。

更重要的是,一旦中国—东盟自贸区顺利推进,自然而然美国主导的TPP也就没有了比较优势。道理很明显,如果大家都是零关税自由贸易,美国的产品运到东亚的运输成本要比中国的出口品高得多。自然，TPP也就成了一纸空文。

这样，对老美而言，彼时彼刻，最优的策略也许就是结束做这场"独角戏"的梦，并对中国发出那份久违了的邀请函。

（本文载于FT中文网，2011年11月22日）

中国入世的益处

1986年,中国申请加入《关贸总协定》(GATT),开始其漫长的入关入世路。1994年,城头变幻大王旗,GATT正式改名为世贸组织(WTO),但中国入世似乎仍遥遥无期。2001年,中国终于加入世贸组织,成为其第143个成员。时至今日,中国入世已十年,时间可谓不短。不过较之于申请入世所花的15年,则实是小巫见大巫。

中国入世为什么这么难?

拍脑袋想到的第一个理由可能是,中国太大,要谈判的东西很多,所以花的时间也就长。听起来有理,不过80年代的中国经济规模在全球最多也就排到第九,较之于日本在50年代的排名还靠后。日本

1952年申请入关，花了多长时间呢？

两年半。

日本于1955年成功入关。可见，经济规模是一个因素，但并不见得是决定因素。

自然会想到的第二个理由是，中国申请得太晚了。50年代"关内"的成员国只有三四十个，而到了80年代已翻了一番。要入关，不但要做双边谈判，还要做多边谈判。人多自然就容易扯皮。

有道理。不过中国香港与中国内地同时申请入关。猜猜香港花了多长时间？

一天。

是的，没有笔误。当天申请，当天加入。都是炎黄子孙，为什么命运相差如此之大？可能有人会说，因为香港是自由港，与世界经济一体化程度高。有些道理，不过新加坡也是自由港，人家入世也还是要花上一年半载的。

那么，入关入世时间长短的决定性因素究竟是什么呢？

笔者与原香港大学的同事王家富博士合作的一篇

论文发现，在控制了申请国的经济规模、申请时间早晚、汇率体制等因素以外，大量的计量回归发现：真正影响入关入世时间长短的决定性因素是申请国的政治制度。换言之，如果政体与主导 GATT/WTO 的美英相近的话，入关入世时间就会较短。而如果政体相差太远的话，那入关入世之路就真是难于上青天了。

说得再直白点，如果申请国家是社会主义国家，那想入关入世，就要做好"把牢底坐穿"的心理准备。理解了这一点，就能明白伴着"日不落"帝国为宗主国的香港为何会一天就能入关。这样，也就大可不必再"羡慕嫉妒恨"了。

想到了这一点，也就能理解俄罗斯为什么得花 18 年才能入世了。谁叫你当年是"带头大哥"呢？

当然，美英国家做事，也不能太露骨。按马克思的说法，还需要一层温情脉脉的面纱。所以，摆在台面的理由是：你还不是市场经济，没按价格规律办事，所以还没资格入关入世。

没问题。没有人会认为 80 年代的中国是一个市场经济国家。不过，1967 年的波兰难道就已经是市场经济？为什么它当时就能入关呢？所以说，"市场经济"论只是一个幌子。

也谈不上什么"阴谋"论。硬要套的话，是"阳谋"：此路是我开，此树是我栽。我的地盘我做主。你要想加入，就得听我的。

那么，中国为什么不折不挠地想入世呢？或者说，天下熙熙，皆为利来，皆为利往。入世对中国到底有什么好？如今十年已过，中国到底得到了什么呢？

我认为，好处至少有以下四点。

首先，入世使中国的"改革开放"成为不可逆转的国策，而市场经济也得以不断建设、加强、巩固。事实上，在 1997 年的东南亚金融危机之后，中国无论是对内改革还是对外开放，其实都已是举步维艰。国企改革更是进入攻坚阶段，要改革势必会戳到各利益集团的痛处，而反弹是可想而知的——也难怪朱镕基总理会有"不管前面是地雷阵，还是万丈深渊"的话。笔者那时还在北大读研究生，并不太理解这话背后的含义。如果中国不及时入世，用世贸定下的规矩来推动改革的话，也许就没有这十年来中国经济的高速增长。所以，2001年的入世，事实上是用"对外开放"来推"对内改革"。而也是从那时开始，真正按国际规则办事，凡事强调规范化。从这个意义上讲，市场经济、市场准则、市场监管再也不是一句空话。虽然时至今日，市场监管还有很长的路要走，但没有当初的那一步，也就不会有今天或是明天的更多步。所以，从这个角度来说，中国是在打"运动战"：在入世中建设市场经济。

其次，入世不但有益于老百姓，也为企业带来了好处。入世对老百姓的好处是不言而喻的。WTO的两大原则是"最惠国待遇"和"国民待遇"。说白了，"最惠国待遇"是指你给一国低进口关税的好处，就得给全部成员国同样的好处（零关税例外）。而"国民待遇"则是指你给外商的好处不得差于给本国企业的好处。这里妙就妙在"不差于"：为吸引外资，中国事实上在很长时间给外商企业更优惠的税收待遇。总之，在这两大原则之下，中国的老百姓就能买到更多"物美价廉"的"舶来品"，其福利自然也就提高了。

　　对企业的好处，则体现在市场扩大带来的规模经济方面。入世之后，中国的主要贸易伙伴国的关税也就都降下来了，中国产品得以更容易地进入全球市场。市场的扩大对企业带来销售的增加，而更大的销售又会降低企业的平均固定成本。更重要的是，如克鲁格曼所论证的，这会推高企业工人的真实工资。道理很简单，蛋糕做大了，工人分到的那一块也就大了，所以名义工资上去了。而更多的进口品进入本国市场，又压低了国内市场的平均价格。所以，工人的真实工资就更上一层楼了。

　　当然，这里有个长期收益与短期成本比较的问题。刚一入世，由于国内市场面临着忽然增大的竞争压力，一部分低生产率、低效率的企业会被淘汰出局。工厂关门势必带来部分工人失业，而这一点正是入世之初高层决策者所担心的。不过，十年过去了，大量事实表明，竞争所带来的结构性阵痛是小于开放带来的规模性效益的。事实上，这与1989年美加成立自由贸易区的情况异曲同工。加拿大 Daniel Trefler

教授的研究发现，加拿大加入美加自贸区所产生的短期工人失业调整成本远低于长期给消费者和企业带来的规模效益。

再次，更重要的，入世使中国的"出口导向"发展战略得以更成功地实施。如笔者在前面几期专栏指出的，中国 30 年改革开放的成功，关键就在于有效地实施了"出口导向"发展战略。当然，没有任何一种发展战略是一本万利的，但应当没人会否认"出口导向"发展战略是符合中国的比较优势的。

过去十年的事实是，由于社会保障不健全，加上人均收入低，老百姓无力也不敢多消费。更要命的是，地区间贸易壁垒居高不下，国内贸易何从提升？这样，拉动内需只能是水中月、镜中花。另一方面，相对较便宜的劳力使企业利润率上升，从而更愿意扩大规模。所以，一边是内需不足，一边是内供过剩。市场出清的唯一方法就是把产品卖给老外。

感谢 WTO！入世使得"中国造"产品得以风靡世界。有人的地方必有华人，有华人之处必有中国产品。当然，来个换位思考，廉价的中国产品带给进口国消费者巨大的福利改进，这已是老生常谈，自不必赘言。但，入世大大地扩大了中国产品的世界市场，从而使中国的人均收入从 1 000 多美元升到 4 000 美元，其功甚伟！

最后，也是最有意思的，入世使得中国逐渐降低对加工贸易的过度依赖，促进产业升级。入世前，加工出口占我国总出口的约 60%，十年之后，加工出口比重降到 45%。为什么会这样呢？

笔者同以前的博士生导师、世界最著名的国际贸易学家之一的 Robert Feenstra 教授正在研究这一课题。我们的理解是，入世降低了做生意的不确定性。以中美贸易为例，入世前，中国每年都得提心吊胆，担心美国不给中国"最惠国待遇"，对中国产品征收高额的普通关税。如真是这样，中国产品的价格优势会大打折扣，甚至卖不出去。反过来，企业担心存货过多，就会减少生产。而加工贸易的出现就可以消除这种不确定性。毕竟，合同都是事先签好的，到时按单发货就得了。入世之后，所有产品的关税都是事先定好的，也就没有了不确定性，这样，对加工贸易的依赖自然也就降低了。

笔者近期的研究也发现，相比较而言，加工贸易多集中在劳力密集部门。加工贸易比重的降低也就意味着资本密集部门出口的增加，在这个角度上，出口产品也实现了升级换代。当然，产业升级是个大题目，限于篇幅，容下期再展开。

总之，入世难，但入世好。

（本文载于FT中文网，2012年1月5日）

净出口负贡献之后怎么办?

据中国海关总署计算,2011年中国的贸易顺差1 551.4亿美元,比2010年净减少263.7亿美元。而根据支出法计算GDP,若贸易顺差较上一年收窄但GDP总量仍保持正的增速,则说明净出口对国民经济是负贡献的。

为什么去年净出口会是负贡献呢?回顾这几年的经济情况就明白了。2008年中国出口创历史高位而进口增速相对较慢,净出口对国民经济的贡献达9%。但2009年全球深陷于金融危机,中国外需疲软,所以当年贸易顺差大大小于2008年,贡献率达到-40.6%。2010年全球经济开始好转,中国出口相对回暖。由于2009年净出口处于历史低位,前年

净出口负贡献之后怎么办?

净出口贡献率也达到9%左右。去年虽然出口形势总体不错,但因为大量增加进口,所以净出口贡献率为-5.8%。

可以肯定的是,今年同样也会有净出口负贡献这一现象,甚至以后它将是一个常态。虽然今年出口仍可能保持较高的增速,但进口会增长得更快。理由有二。第一,鉴于贸易顺差推动的通货膨胀去年已给中国经济带来很多难题,政府今年会更着力于外贸平衡。第二,由于美国大选在即,奥巴马政府会更重视其出口"五年倍增"计划,着力减少外贸逆差。从前期的力推TPP方案到近期国情咨文中对外贸失衡问题大加强调可略见一斑。

问题是,娜拉出走之后怎么办?在净出口负贡献时代来临之后,中国经济该何去何从?

回答这个问题之前,有必要先纠正三个误区。第一,认为在净出口负贡献时代,中国净出口已出现逆差。顾名思义,净出口负贡献只是说明当年的净出口增量少于去年,或者说贸易趋于平衡,而不是说出口少于进口。第二,认为出口增长本身已不再重要。要知道，如果中国的出口下降，大量从事制造业的工人会下岗。在支撑服务业高速发展所需的软硬件设施充分发展之前，他们要再就业会很不容易。而由于这些工人多是在非国有部门，政府也不可能再像十年前一样来买断工龄、让工人"内退""早退"来平稳过渡。第三，认为外贸拉了经济的后腿，所以外贸不再重要。在成熟的市场经济中，外贸平衡其实是一个贸易大国最理想的事儿。因为这一方面说明本国的产品具有国际竞争力，所以能出口，而且多出口。另一方面则说明人民有意愿多消费，所以愿进口，多进口。当然，在这种情况下，又该如何实现经济的高速增长？答案是，还需用好消费和投资这两驾马车。

不过，究竟哪驾车才应一马当先呢？坊间多认为应该通过提高消费来拉动经济。但笔者认为，恰恰相反，今年拉动经济应靠投资为主。

为什么提高消费靠不住呢？从微观角度说，当前社会保障不完善。对老百姓而言，医疗教育的负担都很重。你能不存点钱留着应急？所以，预防性储蓄必然会减少居民的边际消费倾向。再者，如以前笔者指出的那样，中国城镇化率低，今年也只有50%，远低于发达国家的80%左右。而城乡收入差距又大，城镇居民的可支配收入约为农村居民净收入的3.5倍。所以，农民想花也花不来。

而从宏观视野来看，尽管中国GDP全球老二，但人均GDP刚过4 000美元，也就是刚过了世界银行划定的中高收入发展中国家门槛。请注意，不是"中高等收入国家"，而还是"发展中国家"，仍属于国际家庭中的矮个子。在这一阶段，靠各种要素的投入来取得粗放式的增长已没多大空间。但早期经济增长所造成的问题如收入差距拉大、环境破坏严重等则会变得更突出，所以发展中国家很容易在这个阶段经济停滞不前，陷入所谓的"发展中国家收入陷阱"。最经典的例子莫过于上世纪末的马来西亚和菲律宾。

所以，如果当前一味强调拉动消费，产业结构就会原地踏步，无法向更高价值链的产业升级；企业投入到研发的比重没有增加，企业生产率就无法提高。随着人口红利的消减，工资的进一步上升，原来劳动密集型产业的比较优势会消失殆尽。结果当然是整个经济的停滞不前。而中国事，调整固然重要，但增长在目前却是首位。没有增长，很多社会问题就会纸包不住火。从这个角度看，笔者很认同多年前在北大厉以宁教授的讲座中听到的"自行车原理"：中国经济如同自行车，只有不断地蹬才不会摔下来。

  不妨来做一下国际比较。美欧今日经济萧条，增长乏力。原因当然很多，但也正如世界银行副行长林毅夫教授近期指出的，与新世纪以来美欧强调多消费少投资大有关系。相比较而言，上世纪90年代美国则主要是把得来的国际融资用于高科技行业的投资，所以那十年是美国经济高速增长的黄金时期。这也解释了为什么克林顿至今在美国仍有许多"粉丝"。既然美欧靠消费拉动经济都不行，有什么理由中国就玩得起呢？别忘了，目前人家的人均收入还至少是我们的十倍。

  那么，投资拉动经济为什么就行呢？放眼今日中国，一线城市楼市正值寒冬，不少外资更是抽身走人。欧债噩梦未醒，外需相对疲软，去年年底制造业经理人指数（PMI）更是一度跌到50%临界线以下。

很难有理由相信今年私人投资会强劲。

所以唯一剩下的办法就是再靠"铁公鸡",由政府投资来拉动。读到这里,看官也不必马上"上纲上线",认为是计划经济论卷土重来。试问:2009年我们是怎么走出经济危机的?还不是主要靠那四万亿政府投资。当然,可能马上想到的反驳理由就是东部已有部分基础设施过度建设。而一度国人引以为荣的动车建设因为"甬温事故"更成了众矢之的。

不过,问题不在于动车建设本身,而在于管理能力的低下。动车何罪之有?我们不能把孩子和脏水一起倒掉。当然,目前的基础设施建设应逐步向中西部倾斜。中国要真正走出"发展中国家收入陷阱",就看中西部地区能否发展起来。什么时候中国真正赶上美国?不能看 GDP 总量,也不能看人均收入。这些都只是统计上的意义,尽信书则不如无书。那看什么呢?什么时候中国西部的边陲百人小镇也能像美国北达科他州的无名小镇一样刷信用卡,那就八九不离十了。毕竟,金融业的发展是与经济发展水平最紧密联系的。

当然，赤字财政方法拉动经济只能在短期有效。当净出口负贡献成为常态后，中国长期经济增长靠什么呢？容笔者下期再述。不过，就今年来说，想拉动经济增长，提高消费是绝对靠不住的。正如有一网友指出的，老百姓有钱，还用你教他花钱？真所谓一语中的。

（本文载于FT中文网，2012年2月9日）

生产率高低决定企业能否走出去

随着我国实施"走出去"战略，企业对外直接投资日益增长。2009年中国对外直接投资占全球对外直接投资总额流量的5.1%、存量的1.3%，流量位列全球第五。我们的研究发现：除国家行业宏观层面的因素外，从企业微观层面讲，企业的绩效即企业全要素生产率高低决定了企业能否顺利"走出去"，进行外向直接投资。

诺贝尔经济学奖得主克鲁格曼教授有句名言："生产率不是一切，但在长期中近乎一切。"Melitz在其2003年的经典论文中进一步论证了这一论断。他指出：生产率低的企业由于无法补偿在开拓外国市场中所需的固定成本，而只能在国内销售。生产率较高的企业则既可以在国内销售，也能把产品出口到国外市场。如果企业生产率更高，则既在国内销售、出口，也能"走出去"，进行对外投资。目前，这一论断已得到包括美国在内的发达国家的经验实证支持。

以浙江省制造业企业对外投资为例

中国作为最大的出口国，相关的研究亟待加强。先前国内相关研究进展较慢，原因有二：第一，企业层面的外向投资数据不易得到，而行业方面的数据又无法用于研究同行业内不同企业生产率的异质性及其带来的对企业外向投资的影响。第二，虽然规模以上的大中型企业生产层面的数据可得，但是正确衡量、准确计算企业的全要素生产率，在技术上并不容易实现。

笔者与北京大学光华管理学院博士生田巍合作的一项研究，用浙江省制造业企业对外投资的数据分析企业生产率和企业对外投资的关系。我国对外投资最主要的行业是服务业、采矿业、金融业、批发零售业，然后才是制造业。这些行业目前都没有相对应的微观层面的生产数据，它们的全要素生产率也就成了"黑匣子"。制造业的外向投资虽然开始比例较小，却是逐年上升的，因此理解制造业的外向投资就显得很重要了。我们选择我国规模以上的大中型制造业企业生产层面的数据。

在区域对外投资方面，浙江省很有代表性。2010年其投资额占地方总对外直接投资额的16%多，企业数目占全国的21.4%，两者都居榜首。其境内主体数和境外机构数也居全国第一。约70%的对外投资由民营企业创造，投资领域主要涉及机械、纺织、电子、轻工等行业，主要集中在亚洲、欧洲和北美，形式以设立境外加工企业、资源开发、境外营销网络、房地产开发和设立研发机构等为主。对外直接投资途径也逐渐多样化，从单纯出资设立企业到跨国参股并购、境外上市，企业从单打独斗走向集群式规模开发。我们掌握了2006—2008年浙江省全部"走出去"企业的外向投资数据。该数据包含浙江省对外直接投资中方和对方国家乃至城市的信息、投资额、所属行业等重要指标。

为确保研究成果准确可信，重中之重在于准确衡量企业的生产率。在先前大部分研究中，计算全要素生产率的标准方法是用最小二乘法并计算索罗剩余。但这种方法有两个严重缺陷：反向因果关系和选择性偏误。一方面，企业可能同时选择产量和资本存量，或者为了实现一定的产量而追加特定量的投资，即资本存量的决定受产量影响，而非外生的，这样就使产量和资本存量间产生反向因果关系。另一方面，面板数据中往往存在样本的选择偏误，也就是说，只有生产率比较高的企业才能留在样本中，生产率很低的企业自然被剔除出样本，这就导致回归结果有偏。

为此，我们采用修正了的 Olley-Pakes 的半参数计量方法，来解决反向因果关系和选择性偏误问题。简言之，就是引入投资作为企业资本投入的代理变量，来处理无法观察到的生产率冲击所带来的反向因果，再引入 Probit 概率模型来控制企业的选择偏差问题。此外，还根据中国的实际情况对相应的影响因素作了进一步的调整，由此得到了相对准确的企业生产率指标。

生产率越高的企业"走出去"动机越强

我们想知道,生产率越高的企业对外直接投资的概率是否越大?为此,我们首先将企业分成有对外投资和没有对外投资的两组。我们发现,相对于没有对外直接投资的企业而言,进行对外投资的企业有更高的生产率。当然,据此并不足以判断高生产率的企业更倾向于对外投资,因为有可能企业先投资,并随着投资积累经验逐步提高生产率。

不过,如果企业真有学习效应,那么对外投资的企业相对于非对外投资企业的生产率优势应随着时间递增。但我们又发现,优势非但没有随着时间增强,反而有减弱的趋势。接着,我们用 Probit 概率模型进行回归分析发现,在控制了企业的所有者类型、企业资本劳力密集度等因素后,高生产率的企业的确有更高的概率进行对外投资。

进一步地,我们想知道,生产率越高的企业,其对外直接投资额是否也越大?答案是肯定的。我们发现,企业的生产率越高,其外向投资也越多。当然,要建立严格的因果关系，还必须控制可能的反向因果关系。采取了适当的工具变量之后，我们还是得到了同样的结论，即生产率对企业对外直接投资的动机和投资额都有显著的正向影响。

东道国收入水平对企业投资与否影响不大

最后，投资东道国的收入水平高低对企业投资与否的决定有没有显著影响？对浙江省企业而言，大部分企业投资到富裕国家中，包括欧洲、北美洲、大洋洲、东南亚和少数中东及拉美国家，只有少部分企业投资到非洲等地区的贫困国家。为回答这个问题，我们首先考察了投资到富国和穷国的企业的生产率，发现它们在规模和资本上并非都有显著差别。这一发现与2004年Helpman-Melitz-Yeaple用美国的数据所得到的结果一致，但与2003年Head-Ries运用日本数据所得到的结果有所不同。

造成这一结果，可能是因为穷国和富国在行业的比较优势不同，资源也不同。比如，贫穷国家往往拥有较多的劳动力优势，而富裕国家往往有技术优势或资源优势，因此不同国家吸引不同行业的企业。仅通过简单的对比不能排除行业的差异，因此我们采用了多种更为严谨的计量方法进行验证，但都得出一样的结论：投资目的国的收入水平高低对企业投资与否的决定没有显著的影响。

要素密集度与企业海外生存环境关系弱

先前有研究发现，中国企业进入国内市场的成本和出口的成本取决于行业特性。对劳动密集型部门而言，国内的竞争压力远大于国外市场，因此进入出口市场的成本反而比在国内销售的成本要低，最有效率的生产者在国内销售，而低生产率的企业销往国外。换言之，企业出口的决定是与行业的资本或劳动密集度紧密相关的，那么对于企业的对外投资，是不是也有这个关系呢？

我们的研究发现，行业的资本密集程度对企业在国外的生存环境没有显著影响。劳动密集型行业的企业，在国外的生存压力并不比在国内小。对外投资的企业生产率门槛也很高，并不存在劳动密集型部门中高生产率的企业不投资、低生产率的企业反而投资的逆转现象。企业对外投资的决定以及投资量的选择，与行业的资本或劳动密集度并没有显著关系。从这个角度上说，中国劳动密集型部门中的企业出口与其投资是存在着一定的替代关系的。当然，这还需要更进一步的研究。

（本文载于《中国社会科学报》，2012 年 1 月 10 日）

提高企业生产率,推动产业升级

毫无疑问,中国经济的发展是个奇迹。改革开放以来,年均GDP增速保持9.9%已有三十四载。这哪怕在人类的整个发展史中也是相当少见的。自2010年以来,我国人均GDP超过4 000美元,成为中高收入发展中国家。不过,步入中等收入后,靠各种要素的投入来取得粗放式的增长已没多大空间。但早期经济增长所造成的问题如地区发展不均匀、城乡收入差距拉大、社会环境破坏严重等则会日益突出,所以发展中国家很容易在这个阶段经济停滞不前,陷入所谓的"发展中国家收入陷阱"。最经典的例子莫过于上世纪末的马来西亚。而上述的这些问题,在中国也非常典型。那么,中国该怎样做才能避免陷入所谓的

"收入陷阱"呢？

笔者以为，要保持经济的高速增长，避免困于"收入陷阱"，重中之重在于提高企业生产率，推动产业升级。改革开放之所以成功，从表层看是因为"双轨制"和"增量改革"的成功推动。但从更深层面研究，则是因为中国采取了与其自身要素禀赋一致的符合中国比较优势的"出口导向"发展战略。中国是劳力丰富型国家，因此应多生产并出口劳力密集型产品。同时，引入市场机制，改变各个扭曲的要素市场和资源分配体系。这也正是世界银行副行长林毅夫教授多次强调的，中国必须走符合其比较优势的发展道路。

不过，中国的比较优势也是动态发展的。在笔者最近与林毅夫教授合作的一个研究课题中，我们发现，在改革开放的初期，我国多出口资源密集型产品和农产品，因为除此之外，并没有什么东西具有比较优势和国际竞争力了。而到了80年代中期以后，我国则多出口衣服和鞋类等劳力密集型产品，这完全符合我国的要素禀赋结构。有意思的是，到了90年代中期以后，我国则多出口机电和交通运输设备等资本密集型产品。新世纪以来，我国开始出口更多生科制药和光学仪器等高科技产品。事实上，数据显示，我国目前已成为高科技产品占工业比重最高的国家！当然，我们也注意到高科技产品中相当部分是加工贸易。不过，扣除掉加工贸易以后，中国的产业结构依然在 30 年中有明显的产业升级换代。这一情况在新世纪变得更加直接和明显了。

那么，中国又为什么能在新世纪里较快地实现产业升级换代呢？

要知道，企业是各个工业产业的载体。产业要升级换代，事实上是取决于工业企业的生产率能否得以提升。如果生产率没有提升，那产业的升级换代也就无从谈起。诺贝尔经济学奖得主克鲁格曼就反复强调，产业要升级，经济要发展，关键在于企业的技术能否提上去。如果企业的利润所得只是来自各个要素投入的简单粗放式增长，那这样的增长是难以持续的，因为总有一天资源会被耗尽。而如果企业技术跟不上去，没办法实现集约式增长，那到时增长就会停止，一切将会烟消云散。所以，在这个意义上，他指出，生产率不是一切，但在长期中，近乎一切！

我们用进入新世纪以来中国规模以上制造业工业企业数据上百万观察值为样本，计算制造业工业企业的全要素生产率。通过大量的统计计量估测，我们发现，新世纪以来，我国制造业工业企业的全要素生产率年均增长率为7%左右。这也就从微观层面上佐证了国民经济为何每年能保持9.9%的增速。

而宏观方面，至少有两个原因可解释为什么能实现产业的成功升级换代。第一个方面自然应归功于WTO。入世的"不世之功"不在于它使中国的外贸大大增加，市场扩大，而在于它使对外开放成为一个不可逆转的潮流，使市场经济也得以不断建设、加强、巩固。而没有一个相对成熟的市场经济体系，要实现各产业的升级换代可能也就无从谈起了。同时，入世不但有利于老百姓，也给企业带来好处。入世之后，中国的主要贸易伙伴国的关税也就都降下来了，中国产品得以更容易地进入全球市场。市场的扩大为企业带来销售的增加，而更大的销售又会降低企业的平均固定成本，有利于企业实现升级换代。最后，入世不但没有拖垮国有企业，相反带来的竞争效用也使国有企业为生存计，只能尽力降低成本，增加研发投入，努力提升技术，改善服务。第二个方面则应归功于国家正确的产业政策。自 2000 年以来，国家已建立 55 个出口加工区和上百个经济技术开发区。企业在这些出口加工区和经济技术开发区内，很容易相互学习，有着很大的技术溢出效用。这些无疑对提升企业生产率都有明显的作用。

当然，中国的产业升级刚刚开始，还有很长的路要走。政府至少还应在以下三方面加以努力。首先，政府应当制定更为有利于鼓励企业自主创新的政策，这样企业才有动力进行产品研发。其次，政府应当采取更有力的措施避免要素市场的扭曲，保证创造一个较为公平的市场环境。最后，政府应在人力资本方面加大力度投入，并缩小城乡教育水平差距。

近年中国会有更多贸易摩擦

前不久,美国总统奥巴马再度把矛头对准中国贸易行为,奥巴马到威斯康星州密尔沃基市(Milwaukee)一家工厂进行造势之旅,呼吁企业将海外工作岗位"内包"。他表示:"当我们的竞争对手不按规则行事时,我不会袖手旁观。"奥巴马政府已成立一个新的贸易执法部门,"它只有一个职责:调查中国等一些国家的不公平贸易行为"。

而中国政府今年的外贸政策与去年相比,并没有太大变化,依然是保持出口的平稳增长,努力增加进口。所以,保出口依然是重点。但树欲静而风不止,今年的国际国内形势注定了贸易摩擦相比往年,将有过之而无不及。

首先，当前中国外贸的结构决定了中美贸易依然是中国外贸的重头戏。去年我国外贸顺差为1 551亿美元。其中，加工贸易项下的顺差为3 656亿美元。中美贸易额达到4 467亿美元，创历史新高。美对华出口达到1 222亿美元。

分析一下这四个数字很有意思。前两个数字告诉我们，如果没有加工贸易的话，中国的一般贸易是逆差的，而且量很大，达到2 100亿美元。也就是说，中国的贸易顺差是通过从其他国家进口原材料、零部件，在国内加工装配后售到美国、欧盟去这种形式实现的。而加工贸易的附加值通常又很低。中国真正在加工贸易上挣到的钱并不多。后两个数字则告诉我们：去年中美贸易顺差为2 023亿美元。换言之，中国与其他两百多个国家的外贸总和是逆差的。而这四个数字合起来传达的信息则是：作为中国的第二大贸易伙伴，中美双边贸易对中国很重要。中美双边贸易是中国贸易盈余的主要来源。

当然，在中美双边贸易中，中国之所以会有贸易顺差，主要是由中国制造业的比较优势所决定的，美国现在在制造业上由于人工成本太高,已经完全没有比较优势。而中国虽然近年来工资也在不断上升,但相比美国而言,那真是小巫见大巫。毕竟,中国依然是劳力丰富型国家。这一要素禀赋决定了中国在劳力密集型产品上有美国永远不可比拟的优势。换句话说,只要是自由贸易,中国一定会在中美双边贸易中取得顺差。

问题是,美国政府不这么想。奥巴马政府认为,中美双边贸易美方巨额逆差是由四个方面导致的:第一,人民币被低估导致中美贸易定价不公。第二,一些行业中方企业因得到政府补助而定价太低,因而在美国市场存在着倾销行为。第三,美国之所以在亚太地区出口乏力,是因为缺少类似自由贸易区的这类区域合作组织来促进其出口。第四,美国制造业乏力是因为本国政府对制造业缺少必要的扶持。

因此,为了实现美国的五年内"出口倍增"计划,奥巴马政府在去年可谓是"四管其下":第一,自去年起,多次指责中国是"汇率操纵国",强行认为人民币汇率应在短期内再上升20%,以达到自

2005年汇改以来升值40%的要求。第二，大肆裁定中国的某些出口行业有倾销行为，因此在国内启动特保机制，实行"反倾销、反补贴"政策。比较出名的例子远有2009年的商用汽车轮胎特保案，近有去年年底的光伏产业反倾销案。并在今年年初建立新的贸易执法部门，专门处理中美双边贸易争端。第三，去年年底高调推出"泛太平洋贸易合作伙伴协议"（TPP），作为一项高要求、高质量的自由贸易区安排，美国邀请了环太平洋地区的8国加入TPP，并诚邀日本加入。而作为环太平洋地区的最大贸易国——中国，却吃了个闭门羹。第四，去年年底，奥巴马政府提出重振制造业，推出多项相关政策扶持制造业，力求改过去的"外包"为"内包"。

那么，这四个政策效果怎么样呢？

第一招想裁定中国为"汇率操纵国"显然是徒劳无功。毕竟，人民币汇率自2005年从8.27人民币每美元六年内已升到6.3人民币每美元，升值已过25%。而原先美国认定的人民币应升值40%的依据只不过是来自某一国际组织的一个研究报告。该报告在研究方法上是很值得进一步商榷的。再者，明眼人都知道美国才是真正最大的汇率操纵国。1971年突然就宣布美元对黄金贬值，从每美元兑35盎司贬成41盎司。1973年又再次贬值，直接导致布雷顿森林体系的瓦解。连美国国内的许多共和党议员都对民主党的这种"对别人马列，对自己马虎"的做法看不下去，想在议会中通过裁定中国为"汇率操纵国"的议案显然是心有余而力不足的。

至于TPP，到目前为止，美国可谓大获全胜。TPP的首批成员国除美国以外，都是一些蕞尔小国：亚洲的新加坡、马来西亚、文莱和越南，大洋洲的澳大利亚和新西兰，南美的智利、秘鲁。但是它们的产品与中国的产品有很大的替代性。如果没有TPP，中国的产品就会比这些国家便宜，美国就会从中国进口。但是，由于有了TPP，美国对这些国家的进口品免关税，而对来自中国的进口品依然征收关税，这自然就人为地削减了中国产品的竞争力。不过，这种贸易转移对中国没好处，对美国也没好处。虽然中美双边贸易逆差是减少了，但是美国的全球贸易逆差并没有减少。

不过，美国依然乐此不疲。美国最近更是想尽一切办法劝说日本加入TPP。年初美国财长盖特纳日本之行更是准备在农业开放方面给日本大开绿灯，再加上中方所偏好的东盟10＋3目前进展不大，日本国内终于偏向加入TPP。可以肯定的是，日本的加入会使美国的出口市场明显扩大。美日因为经济结构类似，其同行业内贸易也会大增，这都有利于奥巴马政府的"出口倍增"计划的成功实现。但是，TPP框架受到了美国国际贸易学泰斗巴格瓦蒂教授的猛烈抨击。他认为TPP不但是贸易转移大于贸易创造，而且对日本农业的额外保护则可能直接导致已谈了十年的WTO"多哈回合"的失败。

再说奥巴马政府的"重振美国制造业"，那自然更是一厢情愿的事。美国制造业在劳力密集型产品方面毫无比较优势可言，不及中国，甚至比不上越南、印度尼西亚、墨西哥。在资本密集型产品方面则不及德国、日本。美国真正有优势的是在研发和设计方面。奥巴马政府的扶持计划短期内确实能刺激美国制造业，但在长期内必定无效，因为这毕竟是逆全球化而行之，而且美国政府还有可能为这一扭曲付出更大代价。

所以，奥巴马政府要想降低中美贸易逆差，一方面自然是增加出口，另一方面则是尽量少从中国进口。理论上讲，最省事的办法就是逼人民币快速升值，但这招明显行不通。那么，下来的就只有发扬"敲牛皮糖"技术，尽量多创造点贸易摩擦，减少某些行业中国的出口。

有哪些行业最有可能遭到美国的"双反"贸易制裁呢？笔者认为，那些中美比较优势都不明显的行业最为可能。因为通过贸易制裁，美国在这些行业还能有所作为，扩大生产，占据国内市场，增加国外市场份额。具体地，汽车零部件、铜版印刷纸、太阳能风能产业都是一些高危行业。

那么，中国应如何对付2012年这一多事之秋呢？

对企业而言，要做好充分的准备。一是要有心理准备，二是不要怕事，要学会积极应对。先是可以通过行业协会赴美游说，劝对方企业撤销诉讼。然后准备好充分材料，准备提交 WTO 争端委员会裁决。现在的世界基本上还是讲理的，强权也不一定就能战胜公理。1995 年在进口石油案中委内瑞拉大胜美国就是一个很好的例子。

而对中国政府而言，该说不的时候就得说不。单靠行业协会出面，中国企业一般是要吃亏的。中国政府大可学习奥巴马政府一样成立"贸易执行小组"，专门处理国内外的"双方"调查，这样也可有备无患。

总之，2012 年是国际贸易的多事之秋，虽说大的贸易战不会有，但贸易摩擦少不了。大势如此，中国企业还是未雨绸缪为好。

（本文载于 FT 中文网，2012 年 5 月 17 日）

奢侈进口品该如何征税？

有统计，目前中国奢侈品的消费量已超过日本，位居全球第一位。不过，中国奢侈品的消费有很大一部分是在国外。仅2010年，中国人在巴黎奢侈品的消费近6.5亿欧元。而英法意各国奢侈品消费者的60%是中国人。

为什么中国人都跑到国外买奢侈品呢？理由很简单，国内奢侈品的税太高了。一个进口奢侈品得征三道税：进口关税、消费税和增值税。其中进口关税高达15%—25%，而消费税最高则可达45%。增值税通常分两档，一档是13%而另一档是17%，奢侈品当然是要征17%。加在一起，国内进口奢侈品征税最高可达87%。所以，以手表、箱包和服装为例，国内奢侈品的价格比国外同类产品要贵很多。具体地，比美国贵出51%，而比法国则要贵出72%。

事实上，随着生活质量和对生活要求的提高，国人对奢侈进口品的消费需求也会相应地提高。那么，对奢侈进口品该如何征税呢？笔者以为该大力度地减低关税。理由有以下五点。

第一，降低进口关税有利于化国外消费为国内消费，适当拉动内需。随着关税的降低，国内奢侈品的价格可相应大幅度地下降，这样就大大地减少了国人到国外购买消费品的行为，同时对奢侈进口品的消费的增加也有利于适当拉动内需。随着我国文化产业、时尚产业的迅速发展和国际化水平的加强，年轻一代对国际品牌和奢侈品的需求越来越大。但是因为国内奢侈品价格在关税的层层累加后大幅攀升，让原本就不菲的奢侈品更昂贵，所以一定程度上抑制了国内消费者对奢侈品的需求。另一方面，通过国外代购或者出境购买就成了很多中国人的选择，很多国家都出现了中国人疯狂购买奢侈品的现象，大大拉动了别国的需求。虽然由于居民平均收入水平较低，城乡收入差距较大，在短期内我国很难大幅度地拉动内需，但是较富有的一部分人的确购买能力较强，关税的下降能够刺激这部分人对奢侈品的消费。事实上，有些人所担心的对奢侈品的购买是一种"不求最好但求最贵"的心态是站不住脚的，毕竟在国内购买比在国外购买方便得多，所谓近水楼台先得月嘛。

第二，目前所征的关税是完全由消费者负担。或者说，征收关税所带来的价格上升完全转嫁给国内消费者。之所以会这样，主要是因为中国无法通过征收关税来改善贸易条件。奢侈品厂家不愿意通过降价来获得中国市场，因为哪怕不降价，国内消费者也会通过"用脚投票"跑到国外，不像其他体积大不容易运输的产品，奢侈品的轻便化特性导致"用脚投票"成为可能。而且奢侈品厂家有他的全球定价策略，他们不可能专门为中国市场降价。所以，改变这种情况的唯一办法就是降低关税，实行贸易自由化。

第三，降低关税还有创造就业、促进服务业发展的好处。由于奢侈品的消费由国外转向国内，国内必然会增加销售专卖店、导购等配套销售方案，这就间接地创造了就业的机会，同时也有利于相关服务业如旅游业的发展。中国目前的另外一个问题是服务业的比重太低，仅占 GDP 的 42%，远低于发达国家 70%—80% 的水平。通过降低关税促进奢侈品的消费不失为拉动服务业发展的一个途径。

第四，降低奢侈进口品的关税还有利于减少消费扭曲，从而提升国民福利。通过降低关税，可相应提高消费者剩余，虽然这也会减少国家关税收入，但是综合衡量，消费者剩余的增加还是大于关税收入的减少。再者，目前关税收入只占国家财政收入很少的份额，不到 1%。虽然关税收入减少了，但国民福利提升了，这又会反过来给国家创造更多的税收，正所谓"堤内损失堤外补"。

第五，增收关税的本来目的是保护本国相应企业，但是对中国奢侈品而言不存在这样一种情况。中国的奢侈品生产不但没有绝对优势，也没有相对优势。我们的比较优势在于大量的制造业生产，而不在于奢侈品方面。所以，哪怕征收关税也不能够有力提升国内奢侈品生产的国际竞争力。

所以，对奢侈品的关税事实上还可以降低10%—15%左右，把关税定在与其他非奢侈品的关税相当的水平（也就是10%左右）。这一方面有利于国内消费，另一方面也顺应了国际贸易自由化的潮流。

（本文写于2012年6月）

对外改革，对内开放

"改革开放"无疑是中国人在过去30年中最耳熟能详的一个词语。1979年以来中国经济的发展最重要的保证也在于坚持"对内改革，对外开放"这八字方针。但我以为，今日之中国，经济要继续发展，更应逆其道而行之：对外改革，对内开放。

对外改革不是不要开放，而是说要如何更好地搞好开放，开放的方式和内容需要改革。为什么这么说呢？中国目前所面临的国际经济贸易形势已发生深刻的变化。主要变化有三个：

第一，传统的主要出口国经济乏力。一直以来，欧美日都是中国产品的主要出口国。但目前在欧盟，在欧债危机重创之下，欧盟大部分国家经济复苏缓慢,平均 GDP 增长速度只有 0.7%—1.5%。而日本自 2011 年遭受地震、海啸、核辐射三重天灾人祸后,短期内经济难以复苏。作为全球最大经济体,美国的境况也不妙,去年失业率一度持续稳定在 10% 左右,近期因奥巴马政府采取"制造业回流"等多项刺激政策,经济停止滑坡但依然增长乏力。

第二,2012 年中美将会有更多局部贸易摩擦。之前,美国政府一直希望给中国贴上"汇率超纵国"的标签,但事与愿违,强权这次没能战胜公理。不过,面对其国内经济衰退的事实,再加上巨额的中美贸易逆差(2011 年中美贸易逆差近 2 200 亿美元),所谓"堤外损失堤内补",美国势必对中国采取一系列贸易保护政策,主要是针对某些行业的反补贴、反倾销的"双反"措施,以保存本土同类产品的国内市场。哪些行业会首当其冲呢?主要是一些两国间竞争力势均力敌的产业,或者说,是两国比较优势都不明显的制造业,如汽车零部件、光伏产业、铜版印刷纸等。

第三,TPP 生效后,美国会从越南等东亚国家直接进口纺织类等劳力密集型产品，原因很简单，虽然中国的同类劳力密集型产品相对东亚各国成本更低，但因为 TPP 作为一个自由贸易区，区内贸易是零关税的，这就使得中国同类产品在出口中处于不利地位，美国转而从东盟各国进口。所以今年中国对美国的出口形势会更为严峻。

所以，对外改革的第一点是转变出口主要目的国。我们不应该老是盯死在欧美市场上，而应该化整为零，发扬"敲牛皮糖"技术，把出口目标瞄准一些新兴工业国，比如巴西、印度、澳大利亚、东盟十国。毕竟，巴西经济发展迅猛，市场吸收能力强劲。除此之外，俄罗斯也应该是我国出口的一个主要目的国。理由很简单，俄去年年底加入 WTO 后，其进口关税必定大幅下降，这就让我国产品更容易进入俄罗斯市场。

对外改革的第二点就是要努力做实东盟 10 + 3 自由贸易区。目前东盟 10 + 1（中国）已有一定基础，但中日韩自贸区进展缓慢，其中政治上的顾虑恐怕多于经济上的考虑。哪怕中日韩自贸区不能短期生效，退而求其次，中国可以与日本、韩国单独建立自贸区。毕竟中国对日韩两国都是贸易逆差，自贸区的建立可使日韩产品更多销售到中国来，日韩没有理由不高兴。同理，中国也可因市场的扩大而从中获益。

对外改革之三是调整加工贸易方式。首先要减少来料加工比例，增加进料加工比重。而在进料加工中，促进加工贸易企业的转型升级不应成为一句空话，毫无疑问，中国的加工贸易促进了就业，但问题在于最终出口品附加值太低。加工贸易转型升级是提高出口品附加值的唯一方法。而转型升级则重在研发投入。不过，研发有两种，一种是对传统工序的优化和创新，另一种则是生产全新的产品。个人以为，我们的研发重点应放在第一类。一方面是因为对传统工序的改进可以有效地降低成本，增加企业利润；另一方面则是因为对新产品的创新我们不见得比欧美各国有明显的比较优势，忙了一大阵还是落在别人的后面，尽管"自主创新"一词听上去总是那么激动人心。

同样，对内开放不是说不要改革，而是说国内市场应该更开放。对内开放的第一点是减少地区贸易壁垒，降低地区贸易成本。大多企业老板都有感受，在国内做生意比在国外难得多，成本也要高。国外虽然距离较远，直接成本较高，但毕竟标准化。而国内市场地理距离虽然有限，但无数的过路费也使直接运输成本居高不下，更不必说生意背后无数的应酬和跑关系了。所以，对内开放的第一步就是取消省际、市际的"过路费"、"买路钱"。

对内开放的第二点则是开放企业融资渠道。目前中小企业发展面临的最大问题之一就是融资渠道贫乏、融资成本较高。中小企业一方面无法直接在资本市场上融资，另一方面也不容易向国有银行贷款，普遍面临着较严重的信贷约束，而这又限制着企业的出口。所以，对内开放的第二点重在于向中小企业开放融资渠道。一个可能的办法则是鼓励建立中小银行专门处理中小企业借贷。

对内开放的第三点是不妨开放城门，逐步取消户口管理制度。户口管理制度自1958年生效以来，已有半世纪之久，作为保证重工业优先发展的计划经济的必要配套政策，时至今日，真有必要问一句：廉颇老矣，尚能饭否？作为创造中国经济奇迹的主力军，"世界工厂"的创造者，却不能同比例地享受经济发展带来的好处，这是我所知道的最大不公不平之一。

（本文载于FT中文网，2012年3月8日）

何妨再来个"万亿"投资?

新年伊始,笔者接受加拿大《环球邮报》访谈时曾预测:今年由于消费难以在短期内被拉动起来,而外需仍相对疲软,为保增长,中国政府只能靠增加投资拉动经济。初始,信者寥寥。但到了 5 月份,果不其然,随着经济的持续走软,中国政府不得不开始上马一批项目增加投资拉动经济。

但坊间马上嘘声一片,这以湛江市长亲吻发改委批文一事达到高潮。一时间,认为增加投资拉动经济是逆市场经济行事,不利民生,会造成更大经济扭曲。总之,大有众口铄金之势。于是相关部门也马上一改口径,多方解释并无大规模投资刺激经济的初衷,只是落实原来的投资方案。当然,该批的还是照批。

对此，笔者很是不以为然。事实上，何妨再来个"万亿"投资？当然，这里"万亿"是个虚数，不过，大规模的投资刺激却是必不可少的。不消说，行文至此，网砖势必已成堆，不过，先容我慢慢道来。

首先，是"保增长"重要还是"调结构"重要？时下主流的看法是结构调整为纲，为调好结构，增长慢一点也没关系。但什么叫"慢一点"？当年提出"保八"，并不是一个拍脑袋的数，而是基于一定的经济内在要求算出来的。当然，目前经济的基本面与十年前不同了，自然没必要"刻舟求剑"。但如果不再"保八"的话，那我们的底线是多少？时下我们可以忍受低于6%或7%的增速吗？中国事，问题多多。但我以为首要的是要保持社会稳定。社会一乱，对谁都没好处。而要保持社会稳定，增长是首要条件。只有把饼做大，就业才能保证。而要促就业，就得保增长。

当然，这并不是说"调结构"不重要。没有谁会否认中国现在在要素市场、产品市场、金融市场存在着大量的扭曲。但重要的是，应在"促增长"中"调结构"，而不是原步不动地打太极，也不该牺牲增长调结构。"调结构"的目的应是更好地"保增长"并促进经济发展。

如果认同这点的话，时下如何保增长呢？如同前世界银行首席经济学家林毅夫教授指出的，西方发达国家经济复苏还会是个漫长的过程，在相当一段时间内还会保持着1%—2%的低增长水平。这样，我国对欧美日的出口将持续走软。对此，笔者以为应"化整为零"，发扬"敲牛皮糖"方法，把出口重点转向新兴工业国家。巴西、俄罗斯、印度、南非这些金砖国家就是几个好例子。印度尼西亚今年经济也不错，可以是另外一个主要出口目的国。但问题是，如同在苏州等出口大市企业所反映的，短期内对新兴国家的出口增量不足以弥补对发达经济体的下滑程度。换言之，虽然我国的出口总量还会不断上升，但出口对拉动GDP短期内势必有心无力。

既然出口这驾马车不行，消费行吗？拉动消费主要有两种途径：一是政府出台政策鼓励消费。具体又可以兵分两路，或者通过提高低收入者补贴、提高企业退休人员基本养老金以期拉动低收入群体的收入从而拉动他们的消费。问题是低收入群体的边际消费倾向太低，收入的小幅增加不足以提高他们的消费，从而拉动整个经济的发展。

还有一种办法就是政府出台其他消费减负政策，比如说家电下乡。对此，我们不妨来算个账。一台简易型洗衣机一千块，哪怕政府补贴三百块，农民还得出七百块，对于那些连自来水都舍不得用的农民来说，谁会舍得去买台洗衣机？所以这项政策注定无效，真正要拉动内需，还要靠切实提高农民收入。

换个角度说，如果收入提高了，各项社会福利保障到位，即使没有消费政策引导，农民也会增加消费。问题是，如果经济形势不好，城里没有打工机会，又哪能提高收入呢？对城市居民来说也一样，社会保障不到位，城市居民就是有钱也不敢消费。事实上，有研究表明，城镇的主要消费来自于收入在前四分之一的人群中，大部分中产者消费是十分有限的。所以，短期用消费来拉动经济注定是不可行的。借用网友的一句话，用消费来拉动经济无疑是当前最艳丽的"皇帝新装"！

还有什么招呢？只有靠投资来拉动内需了。当然，可以通过降低收入税、营业税来鼓励民企投资。但远水救不了近火，因为减税有效的前提是企业有大规模盈利。在宏观形势不好的情况下，民企面临很严重的信贷融资约束，部分民企生意都难以为继，又谈何扩大盘面？

只剩下一条独木桥了：由政府投资来拉动内需。不过马上就碰到两个问题：由谁投？投到哪？

第一个问题比较好回答。地方上，土地财政基本上已经用得差不多了，相反中央的财政情况比较乐观，所以应该由中央来唱主角。当然，不是说一定要大手笔，来个投资"四万亿"，2009年的四万亿计划其实中央也只负责两万亿不到，现在的情况并没有比当年更糟，所以投资额度似不应超过这个数。再者，中国目前的财政赤字的GDP占比在全球范围内还很低；换言之，积极的财政政策还是有相当空间的。

至于说投资要花落谁家？我以为"铁公基"仍

应是首选。有人认为现在基础设施是过度投资，这点笔者完全不能同意。美国之所以发达，最基本的一个指标是，任何一个偏僻的村镇都有高速或准高速公路，倒也没听谁说美国的基础设施过度发达。中国经济何时赶上美国，不在于 GDP 何时大于美国，而在于中国何时能建立与美国媲美的基础设施和金融媒介。

当然在地区分布上应有所侧重，中西部应是重点。可考虑多建一些铁路公路干线，不必有运输能力过剩之虞，事实上中西部地区之所以贫困，还是因为大部分地方产品无法远运外卖，许多时效性较强的农产品只能在当地烂掉。"多收了三五斗"的故事还在照演着（当然是修改版）。

强调一句，投资"铁公基"并不见得会导致产能过剩，相反它可以部分解决产能过剩的问题，正是因为新上了一批公共设施项目，那些严重产能过剩的行业如钢铁水泥才能逐渐消化。自然，对这些已严重产能过剩的产业立项要慎之又慎。

投资的另外一个重点应是农田水利设施和城市化

配套设施。像中国这样一个多旱多涝的大国，加强水利设施的意义自不必赘述，毕竟，"手中有粮，心中不慌"。而各国经验表明，城镇化与工业化从来都是相得益彰。比如说，没有"七通一平"，又哪能发展园区经济，促进工业发展，吸收大量就业？

投资的另外一个大头是扶植新兴产业，促进产业转型升级。这点广东最近开了个好头，一千六百亿的新增投资中一大块就用在扶植新兴产业，并力促加工企业转型升级。所以说，稳增长和调结构并不矛盾，关键是应在稳增长中调结构。而不是一味强调结构调整而忽视经济增长。

反对投资拉动的最大一个顾虑可能是会产生"国进民退"的后果。首先，"国进"或"民进"是个长期问题，而刺激投资是个短期对策问题，两者自然不可以混为一谈。更重要的是，此时此刻，"国"不进，"民"就能进吗？最近，香港科技大学王勇教授的一项研究表明，"国字号"主要集中在上游基础行业，而下游制造业、服务业则应以民营为主，如果刺激投资政策能盘活上游行业，则中下游也就是活水了。所以，短期的"国进"有可能会拉动长期的"民进"，只不过是以时间换空间。

还会有人担心，基础设施项目的上马应该是谋定而后动，不可头脑一热匆匆上阵。没错，但目前，发改委所批准的项目哪个不是"怀胎十月"，千呼万唤始出来？所以不存在这种担心。

有人自然会问，继续刺激会不会引起通胀？会不会导致收入分配更加不均？要使积极财政政策生效，相匹配的宽松货币政策也少不了，所以，会有一定的物价上升。但对此，大可不必谈虎色变。去年较高的通胀相当部分是由外部失衡引起的。在今年出口相对疲弱的情况下，外部失衡压力会大为减少，即使出现通胀，也会控制在5%的温和范围之内。

是的，当前收入分配已严重不均。但积极的财政政策会导致收入分配进一步加剧？可能并没有严格的实证支持。从中国入世到2008年全球金融危机前期，投资拉动并不是政府的主要政策，但基尼系数却是照样有增无减。

还有，投资会不会导致中国停滞在"粗放式"

增长的阶段？这关键在于投到哪里，如果投资能促进产业不断升级，并导致企业核心绩效如全要素生产率的上升，则善莫大焉。也许，考验政府宏观调控水平的，就在于如何识别、培育这些产业。

那么，是否经济一回落就要用政府投资刺激？会不会走过去的老路？我以为，消费、投资、出口"三驾马车"并无优劣之分。宏观调控的最高境界，正所谓"运用之妙，存乎一心"。用消费促内需作为长期策略没错，但目前不能拔苗助长。什么时候能靠消费？至少得人均收入过一万美元，中国跨过"中等收入国家陷阱"，步入发达国家俱乐部。问题是，如林毅夫教授指出的，目前发达国家面临的许多问题，难道不是与它们一味鼓励强调消费有关吗？以美国为例，山姆大叔在上世纪 90 年代经济一片繁荣，与其当时大力鼓励投资的政策大有关系。而新世纪经济停滞不前，难道与其过分强调消费无关吗？用高消费来推动经济，美国都玩不起，今天的中国就能杀出一条血路？

最后，投资刺激政策什么时候是个头？这次投资的度该多大？这自然是个严肃的学术问题，需做大量的计量实证分析。但用个简单的"拇指法则"来估算，如果人民币汇率不再大幅度升值的话，并如北京大学中国经济研究中心主任姚洋教授估算的，未来十年中国的GDP增速可望在8%以上，这样，中国的人均收入五年后有望达到一万美元，所以笔者以为，在"十三五"期间，用消费来拉动经济才有可能生效。而"十二五"期间，不管喜不喜欢，用投资来拉动消费应是主要的方式。

如果一定要对这轮政府投资的度做个估算的话，不妨以广东的一千六百亿投资作为基数，再考虑广东的财政收入约占全国的1/6，这样，全国一万亿应是个比较保守的数字。当然，对不对我们不妨拭目以待。

（本文载于FT中文网，2012年7月5日）

加快加工贸易转型升级

今天,中国已是全球最大的商品出口国,第二大的商品进口国,并成为全球最大贸易顺差国。不过,在解读中国的外贸数据时,有两组数据特别耐人寻味。据海关统计,去年我国外贸顺差为1 551亿美元。其中,加工贸易项下的顺差为3 656亿美元。换言之,除去加工贸易的顺差,中国的其他贸易形式(即一般贸易)是存在着大量的贸易逆差的!

第二组数据是美国哥伦比亚大学魏尚进教授和他的合作者研究的成果。他们发现,我国加工贸易的国内附加值比率只有20%,远低于一般贸易90%的国内附加值。以在中国装配的iPod为例,进口值是200美元,对美的出口值是209美元。国内的附加值只有

9美元，占产成品价格5%不到。

把这两组数据放在一起，我们可以看到，中国的确存在大量的贸易顺差，而这常为主要贸易逆差国诟病。但是大量的贸易顺差是来自于加工贸易，而我国在加工贸易中的产品附加值却是极低的。事实上，如果我国外贸的产品附加值没有得到提高，单纯的外贸总额的增长对我国经济的发展并没有本质的帮助。所以，提高加工贸易产成品的附加值，加快加工贸易转型升级，无疑是我国现阶段"保出口，稳增长"的重中之重。

没有调查就没有发言权。要保证加工贸易转型升级的顺利进行，我们应首先了解，什么样的企业会从事加工贸易呢？

通常地，我国的进口企业可以分为三类，只从事一般贸易的进口企业、只从事加工贸易的进口企业、两类都从事的混合型企业。我们的研究发现，只从事加工贸易的进口企业生产率最低，只从事一般贸易的进口企业生产率最高，而混合型企业则处于中间。

为什么会这样呢？一个原因是从事加工贸易的门槛比较低。低生产率的企业会自主选择做加工贸易，高生产率的企业则"只打大炮，不打苍蝇"——只从事一般贸易。这一观察事实上也符合我国宏观外贸数据的时间序列变化。我国的加工出口在上世纪80年代起步，到了80年代中后期开始占据我国出口的"半壁江山"。在新世纪入世后比例有所下降，目前约为35%左右。这主要是因为企业的生产绩效上去了，而从事加工贸易的利润空间又较薄，因此高生产率的企业会"改旗易帜"，不再从事加工贸易。

企业会有自我选择的行为，与我国加工贸易的发展形式也是息息相关的。在80年代，我国的加工贸易主要是以来料加工为主，但90年代之后，则主要是以进料加工为主。目前来料加工约占进料加工的1/3左右。那么这两者到底有什么不同呢？

第一，海关对"来料加工"和"进料加工"两类加工课税完全不同，对来料加工贸易，海关完全不收关税，既然不收，也就无从谈退税，所以是"不征不退"。但对进料加工，则是过关斩将，雁过拔毛。先征关税，加工完再出口，则给予退税，所谓"先征后退"。粗看起来，这两者没什么不同，但其中的"小九九"还是很令人寻味的：来料加工完全无税收负担，企业也无需付国外发包公司原料费，所以，准入门槛很低，绩效低的企业也可以做，是个"空手套白狼"的好案例。但进料加工对企业现金流有较高要求，或者说，企业面临着更多的信贷约束。所以只有绩效相对高的企业才可以跨过这一门槛。

第二，来料加工严格遵循"从哪里来，到哪里去"。加工企业不需要付来料成本费，企业赚的只是加工费，卖的就是国内廉价的劳动力。产品也多为劳力密集型，所以产品的附加值本来不高。进料加工贸易则不同，来源和去向可以不同。比如说，一家企业可以从日本 SONY 进口核心零部件，在国内组装加工，再出口到欧美。此外，企业还必须付原材料的成本。也正因如此，企业就有了主动权去调整各种要素投入，从而最优化生产投入，最大化企业利润。

这些不同，也就决定了这两类加工类型在我国发展不同时期的比例。在 80 年代，我国的加工贸易主要以来料加工为主，但 90 年代之后，则主要是以进料加工为主。这主要是因为 80 年代我国大部分外贸企业刚刚起步，资金也相对贫乏，所以更愿意采用"来料加工"这种形式，虽然附加值低，利润也薄，但对企业要求低，也不用承担任何销售风险。更为重要的是为我国城乡居民提供了大量的就业机会。90年代因为企业资金相对丰厚，所以有能力从事附加值较高的"进料加工"。

所以，要想加工贸易成功地转型升级，多从事附加值较高的"进料加工"业务，前提是企业的生产率有所提高。提升企业生产率的方式很多，但最有效的莫过于增加企业的自主研发。我们利用了我国规模以上的企业样本，严格的实证研究表明，出口前企业的研发显著地促进企业的生产率，有助于企业加工贸易产成品附加值的提升。不过，因为企业的研发需要大量的"沉没成本"，而且还有明显的外部性，因此政府应对此进行大力扶持。政府应投入相应的资金扶植一批有一定研发基础、绩效较好的加工企业。

除此之外，政府还能做什么呢？

这就要求我们考察哪些国家是我国的主要进料加工来源国。通过用海关海量数据进行计算，我们发现，主要的三大加工进口地是韩国、中国香港和日本。2010年从它们的加工进口各占14%以上。加在一起就接近我国加工总进口的一半了。此外，我们也发现，中国在与东亚各国的贸易中，从东盟十国主要是加工进口，而从印度则为一般进口。这两个事实放在一起，就可以发现2010年签署的东盟10+1（中国）自由贸易区和目前正紧锣密鼓的酝酿着的中日韩自贸区的重要性了：建立了自贸区之后，区内关税会全部取消，这必将大力地促进自贸区各国的区际加工贸易。

中日韩自贸区建立的好处还在于它的间接"溢出效应"。这体现在两方面：第一是就业的提升，第二则是其他加工贸易企业可间接从中日韩的进口品中学到先进的技术。要说明这一点，有必要看看我国加工贸易的主要产品是什么。因为我国劳力丰富，劳工成本相对便宜，也许一般人会认为是服装纺织业。但事实上，我国最主要的从事加工贸易的三大行业是电子机械和交通运输设备、机器和机械装备以及光学照相设备。简单说，它们都是资本密集型行业。不过，这并不意味着基于我国劳力丰富这一要素禀赋特征不能说明我国加工贸易的现状。事实上，之所以加工贸易的三大行业是资本密集型，主要是因为它们都是来自日本和韩国。而之所以选择在中国加工，就是因为中国的劳力成本相对于日韩有明显的比较优势！而当加工企业利用这些半成品与本国零部件合成再加工生产时，技术的外溢就很有可能实现。

第三，政府应继续采取积极政策引进外资。我们的研究表明，58%的加工企业是外资企业（包括港澳台企业），接下去是合资企业，最后才是国有企业。而大量的研究表明，外资企业带来的不仅是资金，还有较先进的技术，这都有助于加工企业附加值的提升。

总之，要实现加工贸易转型升级，需要企业和政府一起努力，企业应多练内功，通过增大研发投入，借鉴高精尖中间品技术，提高生产率。而政府则应大力扶植一批有一定研发基础、绩效较好的符合我国产业升级方向的加工企业，同时继续大力引进外资，努力推动中日韩自贸区建设，夯实东盟 10＋1 自贸区基础。

（本文写于 2012 年）

"十八大"后的中国经济，何去何从？

今年的 11 月，注定是个热闹的月份。美国的总统大选刚落下帷幕，就迎来中共"十八大"的召开。外界对"十八大"的关注，可能比美国大选有过之而无不及，因为中国已是世界经济增长的火车头，而美国谁当选都难挽其国内经济颓势。

不过，纵观天下，中国要保持已维持 30 年的年 10% 的经济增长，实非易事。今天的欧盟经济深陷债务危机，似已积重难返；美国经济低迷，短期内也难恢复。这样，中国传统的促增长"三驾马车"之一的出口因外需低迷而作用有限。那么，"十八大"后的中国经济，何去何从？路在何方？

对此，官方提出要"保增长、调结构、惠民生、缩差距"。概括得很好，但对四者孰轻孰重、孰主孰次却是见仁见智。主流看法似一边倒，认为应"调结构"为主"保增长"为辅，而"调结构"中又强调要减少投资、促进消费。对此，我很不以为然。相反，今天的中国，应以调结构来保增长，"调结构"应是"保增长"的手段。更重要的是，现阶段的中国，提出以"拉动消费"来促进经济增长，既不可行，也是很不明智的。

道理很简单。如笔者以前撰文反复强调的，时下中国的改革在许多方面事实上已是举步维艰，如果不能保持7%—8%的年增长率，很多社会问题就会暴露出来，最具挑战性的首推就业问题。只有保持足够快的经济增长，做大蛋糕，才能在增长中调整结构，解决问题。所以，问题是如何调结构，调什么。

最主要的结构调整莫过于促进产业升级。今天中国已成世界工厂，但问题是，与1.8万亿美元出口相对应的是少得可怜的产品附加值。低端、高污染、劳力密集型的产品依然是"中国制造"的代名词。随着劳动力成本的不断提高，中国与美欧方面的成本优势在不断缩小，与东盟国家的劳动力成本优势已完全丧失，目前之所以产品还能占有国际市场只是因为越南、菲律宾等国产能有限。所以，提高产品附加值，保证产品质量，提高企业生产率，逐渐向产业链的高端升级，毫无疑问应该是中国制造业的唯一出路。

最可笑的结构调整莫过于要求短期内拉动消费需求。诚然，长期来讲，慢慢地、逐步地培育国内消费需求，减少对外需的过度依赖有其科学之处。但问题是国内消费需求要成功拉动起来，关键是居民要有明显的收入提高，社会福利保障体系要有较好的完善，没有这两个保障，短期内拉动消费需求绝对是一句空话。

不过，又如何提高企业生产率，促进产业升级呢？如果说，中国经济增长前 30 年的经验总结为受益于"对外开放，对内改革"的话，那么，"十八大"后的中国经济改革应逆其道行之，对内开放，对外改革。

那么，对内开放什么？

第一，打开城门，废除户口制度。户口制度作为工农价格剪刀差的配套政策，在计划经济年代对于建立重工业优先的国民体系，自是成绩斐然。但今天已成为制约劳力最优配置、造成要素扭曲的罪魁祸首。30年来，户口防线在中小城市已被撕开了一条缺口，但在北上广一线城市、许多省级二线城市却是"我自岿然不动"。归根到底，既有狭隘的地方保护主义作怪，也是城镇化过慢所致。作为世界工厂的蓝领（民工）和白领（大学毕业生）却不能享受最基本的子女受到良好教育的权利，这莫不是对改革开放最大的讽刺！

第二，废除计划生育，实行"二孩"政策。目前我国人口老龄化已十分明显。据第六次人口普查统计，60岁以上人口占总人口比例13.26%，相当于欧洲60岁以上老年人口的总和。人口老龄化增速更是总人口增速的5倍。另外，计划生育政策使中国的人口红利不断减少，劳力优势快速丧失，刘易斯拐点已是悄然到来。适当地放开计划生育，实行"二孩"政策对国民经济已是利大于弊。

第三，废弃关卡，减少地区贸易壁垒。对许多企业而言，做国内贸易比做国际贸易还难的抱怨已是不绝于耳。其中一个理由是国际贸易的保护壁垒都是明保，地理距离虽远但成本可控，而国内贸易关卡林立，地方保护名目繁多，防不胜防。这让人不由联想起19世纪初期分裂的德国，国内关卡林立，处处收税，乃至从柏林到慕尼黑的运价还高于许多货物本身的故事！

第四，打碎"玻璃门"，放宽行业准入门槛。今年中央政府连续出台政策鼓励民资企业进入垄断行业，但国务院"新36条"颁布之后，地方上却是"上有政策，下有对策"，电信、铁路、市政等许多行业都存在着民资企业根本不可能挤进去的"玻璃门"。鼓励民间资本进入金融服务领域早在"新36条"之内，但直至今天，各地的金融改革试点大都是"雷声大，雨点小"。

同样，对外改革什么？

第一，放弃根深蒂固的"重商主义"思想，认为出口是好事，进口是坏事。事实上，由于长年的巨额外贸顺差，再加上外贸结汇制度，高达3.5万亿美元的外汇储备对中国已是弊大于利。随着近来的两次美国"量化宽松"政策，中国的巨额美元财富在瞬间化为乌有。更明智的做法是从美国多进口，当然不是以前经常进口的废铜烂铁等贱金属，而是多进口可能范围的高科技产品。给定奥巴马的"出口倍增"计划背景，这应是大有可为之策。

第二，由于美欧短期内经济难以快速复苏，中国不应把出口产品瞄准它们，相反，应化整为零，转移出口目标国。以其他"金砖四国"为代表的新兴工业国家才是出口企业理性的出口目标国。俄罗斯去年加入WTO，也是中国产品的另一个巨大市场。

第三，给定WTO已是世界性的俱乐部，旷日持久的"多哈回合"更是已成鸡肋，食之无味，弃之可惜。中国合纵连横的重点应在于做实东盟10+1，积极推进中日韩自贸区。从目前的地缘政治考虑，可先夯实中韩自贸区。

不过，"保增长"也好，"调结构"也罢，都应该只是手段工具，只有"惠民生"和"缩差距"才是终极目标。二十多年前的苏联并不缺经济高速增长的历史、结构不断调整的尝试，但因不能惠及民生，收入差距不断扩大，仍避免不了国家解体的悲剧。目前，中国面临的最大挑战不是经济增长的减速，也不是经济结构的扭曲，而是收入差距的不断扩大。据统计，如今中国的基尼系数已近 0.47，在东亚仅次于菲律宾。

那么，又如何缩小收入差距呢？我以为，除了大力培植中产阶层，还应"劫富"和"济贫"。一方面，对暴发的房产商等巨鳄课以重税。奥巴马可做的，我看不出中国为什么不能做。再者，甚至可以考虑开征遗产税。在日本，高遗产税的开征使得"富不过三代"。遗产税的开征一方面可以鼓励创新，另一方面可以减少吞噬大英日不落帝国的食利阶层的存在。何乐而不为？当然，继续加大对贫穷地区的财政转移支出自是"济贫"应有的方式。不过，授人以鱼，不如授人以渔，加大教育投资，才是"济贫"的王道。

（本文写于 2012 年 12 月）

全球经济格局的两个 118 年（一）

据世界银行的估算，中国的 GDP 按购买力平价计算在今年刚超过美国，成为全球经济总量最大的国家。事实上，世界银行的这个估算还是低估了中国的生产水平。根据美国戴维斯加州大学的著名经济学教授 Robert Feenstra 的严谨估算，如果纠正世行在物价计算上的偏误的话，中国的经济总量在 2012 年就已经超过老美了。

那么，美国在天下第一的位子上坐了多久呢？自 1894 年美国经济总量超过英国后，霸主地位从未动摇过。掐指一算，是 118 年，有意思的是，美国从建国（1776 年）到其成为全球老大也刚好是 118 年。历史是如此惊人的巧合！

在这两个118年中，中国又发生了什么事呢？1894年，中日甲午战争是每个中国人心底永远的痛。号称拥有远东第一舰队的泱泱大国居然被东夷小国打得一败涂地，割地赔款，倘若辽东半岛不是因为俄、德、法三国想要分羹抢食的话，可能得等到二战后才跟台湾一样归还中国。再上溯118年，则是康乾盛世的夕照黄花。是其时也，普天之下，莫非王土。鸵鸟式的自大是到了极致了。

不过，更有趣的似乎是，刚刚建国的美国如何在短短一个世纪左右就超过已称雄两个世纪的"日不落"帝国——英国。一个最流行的答案好像就是制度了：美国的"三权分立"制度好，美国的自由经济好。但世上政治上民主、经济上自由的国家也不少，为何不是它们超过英国，成为老大？苏联无论政治制度还是经济体制都跟美国大相径庭，在二战前不也照样超过英国？所以，制度可能不是最具说服力的理由，至少肯定不是唯一的理由。

经济总量第一也不见得就是全球老大。虽然美国在建国后的118年GDP已超过英国，但真正取代英国、确立其霸主地位还得再等半个世纪——二战结束后才高枕无忧。所以，另一个流行的看法就是两次世界大战毁了英国，成全了美国。

但，为什么会爆发两次世界大战？如果说二战是各主要工业国为了摆脱经济危机，一战则是为了国际贸易，为了海外市场。1860年，英国的对外贸易占全球贸易的40%，全球有三分之一的土地都是英国的殖民地。亚非拉许多国家都成为其工业原料的采集地和工业产品的销售市场。全球采购、全球销售使英国成为第一个"世界工厂"，其产能占了全球的半壁江山。相比之下，新兴的工业强国德国不满在海外殖民地不多，海上贸易全部为英国封锁。尽管自俾斯麦的"铁血政策"以来，德国已是欧洲大陆无可争议的一号强国，但苦于发迹太晚，在海外的殖民地是寥寥可数，无法得到便宜的原材料，更无法得到黄金白银等硬通货。

同一时期发生在远东的两次鸦片战争也是英法为改变中西贸易逆差而开战的。在这个层面上，战争就是贸易的继续。虽说从学理上，小国实行自由贸易从来都是帕累托最优的：尽管生产者剩余减少，政府关税收入下降，但消费者剩余增加，老百姓可以买到价廉物美的商品。但从国家特殊利益集团来看，自由贸易从来都是强国的利剑：一国越强大，其商品越具有国际竞争力，比较优势越明显，越是要求其他国家开放市场。相反，贸易保护自古就是弱国的强盾：国力越弱小，行业实力越脆弱，就越不愿意开放市场。

所以，两次世界大战的真正结果不在于各国政权的更替，而在于国际贸易秩序的重新建立。一战的《凡尔赛合约》力图把战败国德国推入万劫不复的深渊。连英国著名经济学家凯恩斯也看不下去，他的著作《和平的经济后果》指出这种"迦太基式的和平"会使德国经济万劫不复，这样很可能使德国走上军国主义的不归路。而美国虽然经济总量已第一，但仍然当不了带头大哥：美国人提出的"威尔逊的十四点建议"并没有太多人买账。谈判桌上看得很明白：英国人依然是老大。

为什么会这样？

答案很简单：因为金本位制依然是国际金融的主

导体系，英镑依然是世界第一货币，伦敦依然是世界最重要的金融中心。1816年，英国的《金本位制度法案》确认了黄金与英镑挂钩，一镑可自由兑换7.3克纯金。不过，持有黄金不能生息，而英镑可以，由于英国是全球的工业中心，英镑自然也龙袍加身，成为全球最主要的国际储备货币。再加上1886年布尔战争的胜利，英国又垄断了世界最大的黄金产区，黄金的供给不用愁了，也当然不必担心可能的全球英镑挤兑了。至此，大英帝国金融霸业方成。

　　1894年，好景不在，英国工业产量已不是老大，很快老二的位子也被德国抢去。好在百足之虫死而不僵，在国际金融上的全球垄断地位使它依然是全球最有权势的国家。不过，一战已使其元气大伤，1929—1933年的"大萧条"更是使其举步维艰。为出路计，英国在大萧条后期推出"帝国特惠制"，说白了，就是今天的自贸区：大英帝国内部成员国贸易零关税，外部则实行高关税。帝国内部实行英镑结算，形成一个贸易和金融的独立王国。

　　美国当然很不爽。虽然老美成为全球经济老大已近半世纪之久，在国际事务上还得唯米字旗马首是瞻。归根到底，就是因为国际金融体系不是自己定的。好在机会终于来了。二战全面爆发不久，丘吉尔只好屈尊写信给罗斯福求助。美国两招就让"帝国特惠制"寿终正寝：第一，要求英国认同《租借法案》，从而把英国所有殖民地的原材料都夺过来。第二，战后的贷款重建。借钱可以，但直接取消"帝国特惠制"，开放所有英镑区市场。

事实上，美国人不仅善于破坏老世界，还更善于建设新世界。1944年的布雷顿森林会议建立起来的新体系做了两件事。第一，确立美元的新霸主地位。美元与黄金挂钩，各国货币与美元挂钩。注意，这做得比金本位更绝：金本位下，天下的老百姓可以用本国货币换黄金，而布雷顿森林体系下，老百姓的钱只能换美元。从此，美元正式一步登天，更名为"美金"。

第二件事情是建立"三驾马车"：国际货币基金组织（IMF）、世界银行和世界贸易组织（当时还叫关税和贸易总协定）。世贸组织是为了促进全球自由贸易；世界银行是为了帮助欧洲日本战后重建；国际基金组织则是从货币金融方面帮助布雷顿森林体系实现自动平衡。当然这都是面上的说法，里子的事实是美国享有IMF和世行27%的投票权，而有意思的是，这两大衙门要通过各项决策需要有80%的赞成票。挑明了，就是老美有一票否决权。从此，美金正式登堂入室，全面取代英镑成为全球储备货币，纽约也取代伦敦成为全球第一金融中心。

  这次谈判，英国还是派出老将凯恩斯。虽说他是20世纪全球最伟大的经济学家之一，但英帝大势已去，谁也改变不了。在工业产值全球第一长达半世纪之后，拜两次大战和一次经济大萧条之赐，老美才真正坐稳了第一把交椅。

  今天，中国看似已是全球一号经济大国，但事实上，中国要真正取代美国的全球经济霸主地位还有很长的路要走。第一，现在GDP超过美国是以购买力来衡量的，如果是以美元现值计算的话，中国经济总量只是美国的一半，哪怕中国每年以7%的速度增长，而美国停滞不前，中国经济总量超过美国也还要再等十年左右。第二，哪怕中国国内生产总值超过美国，但老美有许多国外投资，所以要等到国民生产总值（GNP）超过美国，还要再等三五年。

感谢加工贸易，今天的中国表面上看，如同1860年的大英帝国，在亚非拉购买原材料，在中国生产，然后再销售到欧美，是21世纪的"世界工厂"，但骨子里却有本质的不同。当时的英国是全球科技的中心，但今天的中国，是全球装配的中心，山寨的王国！虽然国际贸易总量全球第一，占了10%左右，但产品附加值极低，极其不利于企业产品更新换代，产业逐步升级。

更要命的是，由于不具有国际金融"定价权"，中国大量的贸易顺差所积累的外汇储备，随着美国的不断量化宽松，逐渐贬值缩水。而要改变这种国际金融格局，似乎还有很长的路要走。人民币要成为国际货币，那更是路漫漫了，人民币现在事实上最多只是个区域货币，在东亚还走得通，再远点就难说了。今天人民币与美元的国际地位，大致就是19世纪末美元与英镑的关系。今日之世界，因为核威慑，是断不可能有第三次世界大战的，那种想通过重新大规模洗牌的方法使人民币取代美元的国际地位，好像不太现实。当然，也不是说没有经济大危机，没有世界大战，美元的地位就能永存，美国就能无限量地量化宽松以得到"铸币税"。不妨把历史的眼光放远点，号称"19世纪的欧元"的法郎是比英镑更早的国际货币。随着英国工业实体经济的不断强大，没有激烈的国际洗牌，英镑照样取而代之。归根到底，一国实体经济的发展强大才是硬道理。国际贸易金融体系固然重要，但离不开实体经济的产业升级、技术进步。皮之不存，毛将焉附？

要知这两个118年中，中美的产业发展到底发生了什么事，请容下回再述。

（本文载于《凤凰周刊》，2014年第24期）

全球经济格局的两个118年(二)

美国从建国到经济总量全球老大,"打江山"花了118年,"坐江山"亦是118年:到2012年,如按购买力平价计算,中国的经济总量已超过美国。不过,经济总量第一不等于在全球事务的话语权中就是"带头大哥"——美国可以凭借其精心筑造的国际贸易金融体系继续保持全球唯一超级大国的角色。中国要真正成为全球经济的领头羊,大可不必急于在国际贸易金融体系与美国争一时之长短,更重要的是要练好内功,切实提升企业生产率,追求技术进步,不断实现产业升级。

生产率近乎一切

笔者最欣赏的全球顶级经济学家之一、2008 年诺贝尔经济学奖得主克鲁格曼教授在其畅销书《期望失落的年代》中强调：生产率也许不是一切，但在长期中，近乎一切！美国 20 世纪企业的变迁历程无疑是克鲁格曼这一论断的最好注解。

1894 年，美国经济超过英德，成为全球第一。此前它的技术革新固然可圈可点，不过，最伟大的经济变革莫过于怀特黑德在其巨著《科学和现代世界》中所指出的"19 世纪最大的发明是发现了如何进行发明的方法"。

的确，第二次世界工业革命的完成使美国经济突飞猛进、企业绩效明显提高、生产率大幅提升。正如另一经济学大师索洛研究发现的：美国二战前经济总量的提升只有 15% 来自于资本和劳力的增加，另外的 85% 是来自于技术的进步。换言之，粗放式的经济增长只占了美国经济总增长的两成不到，大头均归功于集约式的经济增长。

克鲁格曼观察到，90年代初，东亚大多数国家的经济增长只有粗放式而没有集约式，企业并没有实现太多的技术进步，企业生产率提升不明显。所以他在1994年的《外交事务》期刊撰文预测，长此下去，东亚的高速经济必不可持续，很有可能会发生经济危机。果不其然，1997年的东南亚金融危机让克翁声名大噪。

不过，克鲁格曼还是没预测对中国。如同大多数经济学家一样，昔日的他也一直怀疑中国的经济改革，质疑中国的统计数据。改革之初，中国宏观数据的可信度的确不高，但最近，笔者用微观海量海关数据和企业数据计算了中国企业的生产率，发现21世纪以来，中国规模以上制造业的年均生产率毛增长率为3%左右；如以企业附加值计算，则企业生产率增长率为7%左右，这样，中国数年来宏观经济总量年增速8%就有了一定微观基础。的确，没有企业绩效的大幅提升，宏观经济总量的增加就会是水中月、镜中花；为了戴更大的乌纱帽，难保没有地方官员把大楼炸了再造一栋来提升GDP！

那么，该怎样提升生产率？

中国应继续着力技术改进而非自主创新

美国实现技术的进步，促成企业生产率提升的经验应引起中国重视。

二战快结束时，美国人万尼瓦尔·布什给罗斯福总统提交了一份题为《科学：永无止境的领域》的报告。报告的核心是：基础研究是经济增长的源泉。罗斯福从善如流，建立了独立的联邦管理机构，负责全国各行各业的基础研究方面的投资。自此，美国战后技术的进步一日千里。

反观今日之中国，基础研究似乎并没有得到足够的重视。在各个领域，从事基础研究的专家几乎都在坐"冷板凳"，如同歌曲《电影人的情书》中所唱的，"你苦苦地追求永恒、傻傻地追求完美"，但得到的却是"孤芳自赏的无奈"。如今中国虽不至于出现80年代初的"做原子弹不如卖茶鸡蛋"的情形，但做基础研究的学者不论是在自然科学领域还是社会科学领域都没有得到足够的重视和反哺。

以经济学科为例，如同克鲁格曼所讲的，经济学者可分为三类：与希腊字母打交道的学院派经济学家、与经济波动"上升""下降"打交道的箭头经济学者和以写科普书为业的普世经济学者。这三类经济学者都是社会所需，但目前中国从事基础研究的学院派经济学家凤毛麟角，不为世人所知。但若无严格的经济学理论、扎实的经验实证作为支持，箭头经济学者和普世经济学者的大多数论断的准确性可能只停留在一两个案例之上。

据《剑桥美国经济史》记载，20世纪，美国的研发经费在全球保持第一。直到70年代末期，其他四个最大的OECD国家（英、法、德、日）的总和才等于美国的投入。很难想象，以中国目前的研发投入，中国经济实力何时才能追上美国。

更重要的是，美国整个20世纪的研发中，用于改进工艺的投入是研制新产品投入的两倍，二战之前这个比例更高。很多先进的技术如内燃机技术、合成氨工艺以及几乎整个医药产品都是从德国引进的。比如著名的辉瑞（Pfizer）公司就是起源于德国。

而在中国，"自主创新"最为时髦。但实际上，中国应继续着力于制造工艺的改进、产品质量的改善提升，而不是一味追求全球技术最前沿的新产品——相对于美国，中国在新产品技术创新上并无比较优势。美国丰裕的人力资本禀赋、雄厚的研究技术力量都不是中国能一蹴而就的。

目前的整体科研水平，中国无力同美国在新产品研发上做全面的竞争。前段时间闹得沸沸扬扬的"汉芯一号"，最后竟发现是个学术造假的笑话。"赶超"战略听起来固然激动人心，但中国改革之前30年的历史表明，"赶超"战略最终都会欲速而不达。

中国企业的当务之急，宜重点提升质量的工序式研发，努力提升产品的附加值。当单位产品附加值提升到一定程度时，量变引起质变，市场的需求、全球的竞争、人才储备的改善自然水到渠成。只有这样，才能实现发展中国家的后发优势，借用克鲁格曼的"蛙跳"理论：青蛙跳起之前，都会先蹲下去，蓄势以待发。

美国的基础研发多以政府为主

既然研发重要,那靠谁来实现研发,企业还是政府?

仍以美国为镜鉴。有人认为美国经济以自由放任著称,当然是国家袖手旁观,只做经济的"守门员",新产品的研发靠企业实现。持此观点实为大错!

纵观整个20世纪,美国的研发都离不开政府。问题不是要不要政府,而是谁唱主角谁敲边鼓。在20世纪前40年,美国是企业唱主角、政府敲边鼓。20世纪之初,通用电气和美国铝业等公司就开始进行大量的工序式研发。整个30年代,美国企业和政府的研发投入是六四开,企业出六成,另外四成由政府和大学出。而其中又主要是公立大学投资,这仍然源自美国政府。二战后,美国研发出资比重就倒过来:政府出六、企业出四。

二战前,美国基础研究主要是靠政府所资助的大学和工业研究机构来完成,大部分新产品研发也是由政府资助完成的，而企业则多从事工序式研发。理由很简单，新产品研发和其他基础研究失败率太高，对企业盈利的直接帮助可能也不大，更重要的是，还存在"免费搭车"的问题。企业本身对吃力不讨好的事情，积极性自然不高。所以，政府资助的非营利研究机构和公立大学对基础研究的发展就至关重要。但战后，一些大型企业富可敌国，实力已够大够强，能够成为新技术发明创造的火车头了，这一点在半导体、计算机、微电子等当时的高科技行业表现得尤为明显。

再过一个世纪回首今日，也许会发现中国的研发大致还处在美国二战前的阶段：许多新技术都还在引进，如当初美国从德国引进一样。90年代，当广东科龙成为全球最大的电冰箱制造商时，中国尚无法百分百地自主制造电冰箱所有部件。在这样的一个阶段，让企业负责整个国家的研发，似乎还不成熟。中国政府不妨学习美国当年，更多资助大学从事基础科研。待当经济中有更多的联想、海尔、华为、中兴时，研发投入则可变成企业唱主角，政府敲边鼓。

刚刚去世的诺贝尔经济学奖得主、芝加哥学派的灵魂人物贝克尔教授在北大演讲时强调：市场和政府是两只手，缺一不可，关键是在什么地方画一条线。这与林毅夫老师的"有效市场和有为政府"如出一辙。中国想真正在国力上赶上美国，关键在于企业生产率的不断提升。而市场和政府这两只手，借用邓公的名言：两手都要抓，两手都要硬！

（本文载于《凤凰周刊》，2014年第25期）

全球经济格局的两个 118 年（三）

1894 的甲午年对美中两国都是一个难忘的年份。中国横遭甲午战争之惨败，而美国则成功赶超英国，成为全球 No.1。无独有偶，美国也是在那年从资本输入国变为资本输出国。而 118 年之后，当中国经济"名义上"赶上美国时，中国也一跃成为全球第三大资本输出国。大批中国企业走出去。历史似乎以它自己的方式在重复着。但雾里看花，终隔一层。中美之间的对外直接投资故事还是有许多不同。

钱往"高处"走

伯克利加州大学的埃肯格林教授研究发现，虽然 1894 年的前十年美国依然大量吸收外国资本。整个

19世纪80年代,有约13亿美元的外国净资本流入到运输及通信部门,占了美国净资本的一成左右。但到了90年代,变成美国4亿美元净流出。

这变化的道理好懂。在经济成长的初期,美国国内投资机会很多,特别是基础设施方面。但居民的储蓄不多——美国人那时候并不太富有。所以,投资大于储蓄,利率较高,国际投资流入来贴补资金缺口。但1894年之后,美国的工业产值已全球第一,山姆大叔收入上升了,储蓄也大大增加,能够不断融资国内投资,还可以开始全球撒钱,所谓水往低处流,钱往"高处"走——哪里投资够安全又高回报,资本就往哪里走。

刚成为全球霸主的美国,就学会了两条腿走出去。一条腿是政府直接贷款给外国政府。最著名的莫过于在罗斯切尔德家族的帮助下,1904年贷款给日本人,帮助他们打赢了日俄战争。后来又与英、德、法合作,通过各自在华开设的花旗、汇丰、德华、东方汇理四银行组成"四国银行团",企图垄断对华贷款,控制中国金融。

另一条腿则是海外直接"绿地"投资,在海外到处寻求国内生产的原材料和中间品。上世纪之交,标准石油公司、马拉松石油公司到处在海外寻找石油储备,固特异(Good Year)轮胎和橡胶公司更是捷足先登,在印尼的苏门答腊岛建立了橡胶工厂。不过,由于受门罗主义(Monroe Doctrine)的影响,美国主要还是在自家后院——拉美各国进行大量的建厂投资。有意思的是,"卧榻之侧"的这种思想一直延续了整整118年。直到两年前,美国国务卿克里才公开表示,美国不再坚持门罗主义,"后院"可以开放。

中国企业为什么走出去?

无独有偶,中国的"购买力计价"GDP一赶上美国,中国也加大了企业走出去的力度。在全球金融危机爆发时的2008年,中国企业走出去的规模还只是占全球的第13位,危机刚过的2012年,中国对外投资流量就马上上升到全球第3位。之所以这么快,一是因为外需疲软,中国出口乏力,而国际贸易壁垒又是有增无减，于是，看到红灯绕着走，企业想把产品卖出去的最好办法就是去国外投资建厂。二是因为各国受全球金融危机重创，出口投资都下降得挺快。中国虽无法独善其身，但受的冲击比较小，风景这边仍好，依然在他国的经济衰退中进步。

再来看看投资目的地，就更有意思了。最主要的目的地并非是美国，而是中国香港、英属维京群岛和开曼群岛。这三个蕞尔小岛就占了中国内地对外投资的三分之二。之所以如此，是因为这些地方是著名的自由港、避税天堂。当然，钱到了那里，并不是真的就不走了，只是换身马甲，又溜到异国他乡了，这样一来，中国政府就无从跟踪追究了。

接下来的实打实的两个最大目的国，一是美国，二是澳大利亚。这就引出了一个问题：企业为了什么走出去？动机大致可以分为四种：第一是市场驱动型投资，比如中国企业投资美国主要是为了获得更大的市场。华为投资毛里求斯是为了当地的 3G 电信服务。第二是资源驱动型投资，澳大利亚丰富的铁矿资源就吸引了中铝集团等国内公司投资。第三是工程建设型投资。2007年中信—中国铁建联合体建设的阿尔及利亚东西高速公路就是很好的范例。中信—中铁中标阿尔及利亚东西高速公路中、西两个标段工程，总长度达528公里。项目的投资额达到62.5亿美元，可谓力度不小。

不过，最有意思的对外投资还是"鸡肋型"产业的投资。所谓"鸡肋"产业，是指在全球经济一体化中，产品附加值低、利润空间薄、比较优势在中国越来越不明显的产业。正所谓"食之无味、弃之不甘"。在中国，最明显的产业莫过于纺织、鞋帽、家电这些劳动密集型产业。

今天，再说中国是个劳力丰富型国家，已经有点尴尬。诚然，相对于欧美，中国依然是劳力丰富型国家，劳动密集型产品依然有明显的比较优势。不过，随着中国人口的不断老龄化，人口红利的下降，刘易斯拐点的到来，中国相对于东盟、非洲等国劳动力已经毫无比较优势。以制鞋业为例，东非的埃塞俄比亚虽然工人的平均生产率只有中国工人生产率的百分之四十，但经过简单培训后，熟练工的劳力生产率能提高到百分之六七十，而劳动力成本不到中国的四分之一，平均一个月只有四百不到的工资。所以，中国在这些"鸡肋"产业上已根本没有比较优势可言。之所以中国的纺织、鞋帽、家电产品还能畅销欧美，最主要的原因是东盟、非洲、墨西哥等地的产品太少，不足以吞下整个市场。

怎么办？三十六计，走为上。东部沿海的加工企业是一定得"腾笼换鸟"了。问题是，该往那腾？该往那转？

为什么是非洲？

人们首先想到的是，这类鸡肋型企业也不见得马上要走出去，毕竟别人的国度，人生地不熟的。可不可以先往大陆中西部转呢？

这种想法恐怕无济于事。理由至少有三：第一，人口老龄化并非东部特色，而是一种全国现象。计划生育虽然在内陆地区松点，但与东部并没有质的区别，工资横比外国并不便宜。第二，中西部虽然人工相对便宜，但地处纵深、交通不便，运输成本高昂，不利于产业大进大出。到头来,有可能是省了人工的小头,但折了运输的大头,得不偿失。第三,中国许多劳动密集型产品的出口,特别是纺织成衣,在国外都受到出口限制,生产从沿海转移到内陆并不能解决这个挑战。

那么,既然21世纪的"走西口"和"闯关东"行不通,能否再来一次"下南洋",到东盟去投资?

听起来好像不错,毕竟,越南、老挝、柬埔寨、缅甸等国工资较低,文化背景也相差不大。但再细想一下,此招也非上策。首先,东南亚国家劳动力规模有限,难以大量承接我国劳动力密集型产业。除印度尼西亚以外,东南亚各国国土面积小,人口规模不大,且其劳动力密集型产业已经初具规模,富余劳动力较少。而中国是一个人口大国,劳动力密集型产业从业人数众多,如果这类产业大量转移,会引起东南亚各国劳动力需求快速增长,由于富余劳动力规模小,劳动力成本会快速上升,难以长期维持中国企业所需要的劳动力成本优势。

相比之下,正如我与林毅夫教授、王宾骆硕士的最近一个研究课题发现的，有条件的企业"走出去"投资非洲是个不错的选择。好处至少有下面几点：

　　首先，非洲是全球最后和最大的"劳动力成本洼地"。非洲有十亿人口，属于全世界欠发达国家最集中的地区，人均收入水平是中国的四分之一，部分欠发达地区的人均收入水平甚至不及中国的十分之一，劳动力成本极其低廉。

　　其次，非洲具有明显的地理优势。在非洲投资设厂并将产品出口欧美可以节省巨大的运输和物流成本。中国产品出口欧洲，需向南经马六甲海峡进入印度洋，横跨整个印度洋后到达红海，通过苏伊士运河到达地中海，才最终到达欧洲大陆。出口美国的产品则需要跨越整个太平洋才能抵达目的地。从这一点上来看，在非洲出产的产品可以直接经直布罗陀海峡或苏伊士运河运至地中海到达欧洲大陆，或跨越大西洋直接到达美国，两条线路至少都可以缩短近一半的航程，所能够节省的航运成本极其可观。现在非洲各国的基础设施还比较落后，如果这一情况得以改善，能够降低非洲各国的物流成本，进一步节约产品出口欧美的成本，大幅度提升中国企业的国际竞争力。

最后，也是最重要的一点，对于中国的"鸡肋"——低端制造业产业而言，把非洲作为"出口基地"可以规避外国对中国纺织品、鞋帽产品的出口限制。二战前，整个非洲大陆隶属欧洲列强殖民地。为补偿非洲各国，同时促进非洲发展，欧洲各国同前殖民地国家签署了包括《洛美协定》《科托努协定》在内的多项协定，美国同非洲国家订立了《非洲增长与机遇法案》。这些旨在促进和保护贸易投资的系列国际条约大幅度削减原产地在非洲的各类产品出口到欧美的关税税率，其产品价格竞争优势明显。

投资非洲的好处并非书生纸上谈兵，市场上总有些先知先觉敢吃螃蟹的企业，已经在非洲赚了个盆满钵满。东莞的华坚制鞋和包头的鹿王羊绒可能就是两个很好的例证。记得列宁说过，假设历史可以重来的话，80%的人可以成为伟人。的确，机会总是偏爱那些先知先觉的人。

（本文载于《凤凰周刊》，2014年第28期）

有没有"中国模式"的经济发展?

年前,日本驻华大使木寺昌人先生专门宴请前世界银行首席经济学家林毅夫教授到其北京官邸,向他请教世界与中国经济发展问题。笔者有幸陪同前往。

席间,大使先生问说是否存在一个经济发展的独特模式,因为中国 30 年的发展似乎与日本、亚洲"四小龙"的模式都无太大区别,都是通过出口导向来发展符合本国比较优势的产业。林老师略一沉吟,答道:中国经济发展的真正特色在于改革开放 30 年一直坚持了务实致用的发展模式。

这话说到点子上了。诚然,出口导向发展战略非中国独有。但笔者先前与北京大学国家发展研究院姚洋教授的合作研究发现,出口导向过去之所以有利中国经济发展,在于它符合中国的国情国力。从需求的角度看,中国城镇化水平低,一半老百姓住在农村,农民收入低,消费自然上不去。而从供给的角度看,改革之初,中国人口禀赋丰富,劳动力便宜,在生产劳力密集品上有天然的优势。供需合在一起,就会产生超额供给,出清市场的唯一方式只能是出口。所以,从宏观角度来说,出口导向发展战略不愧务实致用。

从具体微观的角度看,实事求是、务实致用的原则也体现在诸多政策的设计上。"不断试点,及时总结,大力推广"的方针可谓中国模式的独到之处。顶层设计和基层试错相结合,一直贯穿着整个改革开放的历程。

举例来说,"大进大出、两头在外"(是指将生产经营过程的两头,即原材料和销售市场放在国外,大力发展以出口创汇为目标的加工工业的方针)的加工贸易非中国所独有,但其对中国经济的发展却是被大大地发扬光大,发挥得淋漓尽致。

从80年代以贴牌代工为主的"三来一补"的装

配加工模式，到90年代的企业有部分自主产权的进料加工模式，甚至到中国加入世贸前夜设立的出口加工区，都是结合中国当时的情况实事求是、务实致用的策略。

其功莫大焉：一方面创造了大量的工作机会，增加了工人收入并有力地加快中国减贫脱困。另一方面则使中国经济迅速融入全球一体化分工格局，并逐渐得以从国外引进先进技术；随着后期进行的推动产业升级政策，又间接地推动了中国城镇化的进程。

30年中国的汇率政策的设定，更是中国宏观政策制定务实致用的好例子。

改革开放之初，中国实行贸易内部结算价和官方汇率并存的双重汇率，之后又实行交易中心汇率和官方汇率并行的双重汇率制，通过汇率双轨制来逐渐形成一个市场的人民币汇率水平。但从1995年起，中国又实行了10年对美元的固定汇率，这就减少了实体经济国际贸易的不确定性。更有意思的是，中国并没受制于书本教条，允许完全的国际资本流动；相反，实施了资本账户管制并强制要求企业结汇，把美元卖给央行。这样，中国可采用不同于美国的独立货币政策，同时无须开动印钞机，而得以自动保证基础货币供给的充足。

10年固定汇率体制对中国经济的发展实有不世之功。2008年全球金融危机之后又顺势调整，开始主动实施以一篮子货币为参考的有管理浮动汇率制，逐渐向浮动汇率转变，为继续保持独立于欧美的货币政策，又逐步放松资本管制。一句话，30年汇改真是把蒙代尔（Robert A. Mundell）的"汇率三角不可能定理"用活了。

不拘泥于条条框框，实事求是，灵活运用。中国30年改革的宏观政策设计和运用可圈可点之处还有许多，值得总结。这大概就是"中国模式"超越出口导向战略的高明之处了。

（本文载于新加坡《联合早报》，2015年3月9日）

中国"鸡肋"产业路在何方

什么是中国的"鸡肋"产业？是指在全球经济一体化中，产品附加值低、利润空间越来越薄、比较优势在中国越来越不明显的产业。正所谓"食之无味、弃之不甘"。在中国，最明显的产业莫过于纺织、制鞋、家电这些劳动密集型产业。

中国改革之初，这些行业曾是拉动中国经济转型和发展的排头兵。35年前，中国经济的起飞正在于中国大陆承接韩国、新加坡、中国台湾和香港的产业转移，进行国际生产代工，大力发展纺织、成衣产业。以"大进大出、两头在外"的模式发展加工贸易。

加工贸易是经济奇迹"功臣"

如果说"对外开放"造就了中国经济35年奇迹，那么，加工贸易则是成就经济奇迹不争的"功臣"。从80年代早期的"从哪里来，到哪里去"的要求进料和出口必须自家人的"来料加工"到90年代后一直盛行的进口和出口可以不同家的"进料加工"，加工贸易因形式多样、政策优惠成为中国出口的主要模式。1995年之后坐稳中国出口的半壁江山，并使中国成为继19世纪大英帝国之后的又一"世界工厂"，一跃成为全球最大商品贸易国。

加工贸易给中国带来的好处多多。第一，创造就业。第二，有利于吸收外资，实现先进技术外溢，学习国外先进的管理经验。第三，有助于中国融入全球经济一体化，以开放倒逼国内改革。真是善莫大焉。

加工贸易产业之所以风靡中国，最主要是因为中国是世界上最大的劳力丰富型国家，在中国改革的前30年中，劳力价格基本全球最低。所以，水往低处流，企业家想要最小化成本，自然都选择中国大陆代工。

但现在，风景这边不再独好。近年来，随着人口老龄化的日益凸显，计划生育政策的长期严格执行，中国"人口红利"快速耗散，工资正迅速地上升。2005年之前，广东、福建沿海可以很低价格招到工，现在，如果没有高出中西部内地数百至近千的工资，是很难让内地民工背井离乡跑过来的。

相比东南亚国家，现在中国的沿海沿江城市，其传统劳动密集型产业的比较优势快速下降。虽然越南等国的劳力生产率比起广东、福建要低一点，但越南等国的工资比大陆的要低一大截，所以，利润还是在越南等国更高一点。中国沿海地区再也不是国际代工的最佳选择。

"腾笼换鸟"恐怕无济于事

所以，"腾笼换鸟"是劳动密集型"鸡肋"产业的唯一选择。问题是，该往哪腾？该往哪转？可以往中国大陆中西部转吗？

恐怕无济于事。理由至少有三：第一，人口老龄化并非东部特色，而是一种全国现象。计划生育虽然在内陆地区松点,但与东部并没有质的区别,工资横比外国并不便宜。第二,中西部虽然人工相对便宜,但地处纵深、交通不便,运输成本高昂,不利于产业大进大出。到头来,有可能是省了人工的小头,但折了运输的大头,得不偿失。第三,中国许多劳动密集型产品的出口,特别是纺织成衣,在国外都受到出口限制,生产从沿海转移到内陆并不能解决这个问题。

似乎还有一条路:干脆扔掉这些"鸡肋"产业,实行产业升级,专门出口"高精尖"产品。听起来自然激动人心,但言易行难。提高产品附加值是个长期的过程,需要企业大量投入,配之以有效的政策培育,断难一蹴而就。在短期内,经济的增长很难完全指望这条路。所以,"鸡肋"产业目前中国还不能放。

这样,就只有一条路了,中国企业应该"走出去",寻找新的比较优势明显的东道国,盖厂建房,进行绿地投资。问题是,天下之大,该往哪走?路在何方?请容下回再叙。

(本文载于新加坡《联合早报》,2014年9月1日)

非洲——中国"鸡肋"产业的诺亚方舟

上期说到传统劳力密集型产业如纺织、鞋帽、家电产业在中国已不再有明显的比较优势,成为"食之无味、弃之不甘"的"鸡肋"产业。但转移这些产业到大陆内地并非明智之举,"腾笼换鸟"恐怕无济于事。长远之计是"走出去",进行绿地投资。但哪里才是理想的东道国呢?

"下南洋"亦非上策

东盟(亚细安)10国可能是大多数人心仪的归宿。毕竟广东、福建等沿海地区是著名的侨乡,跟新、马、泰、越等地有着多年的经济文化交流,语言相通、生活习俗相近;地理上也接近大陆,所谓"远亲不如近邻",东盟国家应该可以是中国"鸡肋"产业一个理想的栖身地。

但细想一下,其实不妥。东盟诸国劳力供给规模有限,难以大量承接中国劳力密集型产业。中国劳力密集型产业规模庞大,如多数转移到东南亚各国,会产生大量的劳力需求,这会造成工资快速增长。虽然目前越南等地的工资较低,但工资上升速度快,会很快地赶上中国大陆。这样看来,"下南洋"亦非上策。年初去广东调研,一家南海的制衣厂老板就道出这样的困境。该制衣厂刚转到泰国不到三年,就发现成本已上升到跟国内差不多的水平。

那么,环视全球,到底何处才是理想的投资国呢?答案是非洲国家。个中理由,容我细说。

首先,非洲人口众多,有 10 亿之多,光西非的尼日利亚就有一亿多人。即使中国"鸡肋"产业大量转移到非洲,对该地工资的提升力度也不大。更重要的是当地人均年收入水平是中国的四分之一,部分欠发达地区甚至不到 600 美元，不及中国的一成，劳动力成本极其低廉。目前东非的埃塞俄比亚劳力生产率是中国的六七成，但人工成本只有中国的一两成。即使非洲的工资保持一定的提升速度，也须假以时日才能达到中国的水平。换言之，非洲大陆在中国"鸡肋"产业的比较优势会持续较长的一段时间。

其次，中国的纺织、鞋帽出口到欧美各地多受贸易保护配额之累，每年增速不能超过 10%，如直接投资欧美各地，加之当地劳工太贵、利润更薄，并不合算。但是，欧美各国为补偿其对非洲长达五世纪的殖民剥削，跟不少非洲国家签订了许多低进口关税或无贸易壁垒的自由贸易协定，如美国签订的《非洲增长与机遇法案》，欧盟签订的《洛美协定》和《科托努协定》。所以，如果中国厂家先投资非洲，再把成品瞄准欧美市场，则可"一箭三雕"：既节省了劳工成本，又不用受限于出口配额，还可以降低运输成本：产品出口欧洲无须假道马六甲，横穿整个印度洋。何乐而不为？广东东莞的华坚制鞋厂近年投资埃塞俄比亚，就是一个成功的案例。无独有偶，内蒙古包头的鹿王羊绒集团投资马达加斯加，也成功扭转了其在国内经营的困境，其对外投资业务利润不菲。

当然，投资非洲也要考虑地区政治风险、当地民风民俗，所以，企业应有的放矢，投资之前，还要多做点功课，才能运筹帷幄之中，决胜千里之外，让非洲成为中国"鸡肋"产业的诺亚方舟。

（本文载于新加坡《联合早报》，转载于北京大学国家发展研究院网站，2014年9月29日）

近年人民币会升不会贬

目前市场上最关注的中国经济问题之一,可能就是人民币汇率的走向了。

今年年初,人民币告别以前单向的升值,一路向下走,不断创出新低,达到 1 美元兑 6.26 元人民币的价位,甚至一度出现连续数个交易日逼近跌停。许多国际投行更是纷纷做空人民币,断定人民币将继续贬值。

粗看起来,好像挺有道理。一方面,欧元区为摆脱经济低迷,出台新版万亿欧元量化宽松货币政策。所谓病急之下乱投医,欧洲央行更是推出令人大跌眼镜的存款负利率政策。

同时,美国也在去年年底提出退出第三次量化宽松政策，并考虑加息。

再来看中国，因去年经济增速下降，政府调结构的同时也想保增长，暗的财政刺激之外，也在明修栈道，不断地采取宽松的量化货币政策。除了采取多种非常规的"定向爆破"，定向到位扶持小微企业融资外，也大刀阔斧地一次降准，两次降息。估计今年还会再降息。

好了，这三管齐下，热钱能往哪儿跑？自然是从欧洲和中国跑到老美那里。这样，对美元的需求上升，美元能不升值？人民币自然是相对贬值。就算看有效汇率，因为美国是中国最大的贸易国，所以有效汇率也会贬值。你说中国有资本管制，钱不容易跑出去。那去看看中国去年的对外直接投资，不也已经超过了外国对华直接投资了吗？中国资本外流已是铁证。

不过，这是只知其一，不知其二。我的预测恰恰相反。人民币接下来不但不会大幅贬值，相对年初水平还会升值。

大跌眼镜之前，容我细述。要预测真实汇率的长期走势，得看中国经济基本面。目前，中国经济增长速度依然位居全球前列。7%左右的增速虽说不及以前，但作为全球唯一两个国内生产总值（GDP）超十万亿美元的大国之一，这样的增速意味着每年可以造出一个德国来。

巴拉萨-萨缪尔森效应是研究一国真实汇率长期走势的有效模型。笔者所在单位的同事林毅夫教授、姚洋教授、卢锋教授对此都有过深入的研究。

尽管应用该理论来预测中国真实汇率，以前可能要做许多修正，但时下应该还是比较靠谱的。如果一国的制造业部门经济增速快于其他国家，那么，长期来说该国产品有比较优势，货币就会升值。而最能反映技术进步的指标，莫过于被诺贝尔奖得主克鲁格曼所偏爱的企业全要素生产率了。新世纪以来中国全要素生产率的增长自是比美国高出许多。所以，长期看，人民币依然会升值。

还可以从技术面用数据来分析。近三年来，中美货币供给量变化率之差，远小于其GDP变化率之差，如果说用相对购买力平价理论来预测汇率的话，人民币自然是长期还会升值。

因巨额外贸顺差，人民币无太大下跌空间。当然，如凯恩斯爵士所言，在长期中，我们都死了。市场更关心的是汇率的短期波动。

从短期来看，今年年底，人民币相对年初会更有可能升值。首先，虽说中国的对外直接投资超过外国对华直接投资，但相对于中国近三千亿美元的净出口，是小巫见大巫。巨额的外贸顺差基本上没有太大空间让人民币持续下跌。

其次，来个换位思考。如果人民币继续贬值，中美外贸失衡会扩大，美国进口竞争部门就会有大量失业现象。在奥巴马出口"五年倍增"计划的刺激下，美国好不容易在去年取得较好的经济增速，岂能容它瞬间化为乌有？再加上明年就是大选年，民主共和两党谁敢掉以轻心？彼时彼刻，美国不但不可能让美元升值，还得继续换身马甲推出新一轮量化宽松。而整个美联储必然都会是鹰派的天下。投资者不必苦苦等待美元升息，相反，弄不好下半年美联储就会"犹抱琵琶半遮面"地放水。

再次，近期大宗商品价格走低。而大宗商品基本上是中国的进口品，中国的贸易条件（Terms of Trade）是在不断变好。如果人民币还能继续贬值，那对中国自然是锦上添花了。不过，假设很丰满，现实很骨感，这更像是一个真实的谎言。

最后，中国近期的国家战略是"一带一路"。背后的思想是人民币国际化。好戏才开头。这时人民币贬值，是否有点大煞风景？答案你懂的，人民币还任性不得。

股市上有个著名的段子：如果哪一天你看到卖菜大妈都跑去买进某只牛股，你就知道你得快点清仓走人了。人民币是否贬值，也大致如此。此时此刻，市场是检验真理的唯一标准。谁对谁错，不妨拭目以待。

（本文载于新加坡《联合早报》，转载于北京大学国家发展研究院网站，2015年3月10日）

还有哪辆马车能拉动中国经济?

　　新鲜出炉的中国政府工作报告再次强调要深化改革,保持经济中高速增长。但俗话说,知易行难。如何再找出经济的新增长点保持增长,而且是利民宜居的"绿色"增长呢?经济学原理告诉我们,拉动经济如同程咬金的本事一样,只有三招:消费、投资、出口。但在今天,还有哪辆马车能拉动中国经济呢?

　　既然是大问题,不妨先看下大格局。2008年的全球金融危机似乎改变了中国在全球经济分工的价值链位置。危机之前,全球的经济格局基本是美欧致力于新产品研发,日韩着力于核心零部件和重要中间品生产,中国及其他新兴工业国家则承担着世界工厂的职能,负责产品的生产装配。

所谓"人多好办事",中国因人口禀赋丰富,通过发挥其比较优势大量出口劳力密集型产品,在2009年已成为世界最大商品出口国。但危机之后,中国的出口优势已经不再明显。2014年中国的出口增长率仅为4.9%,远低于其预期目标。受出口拖累,中国经济增长更是30年撞底,只有7.4%,从而告别35年高速发展黄金时代,进入中高速发展时期。

是金融危机造成外需疲软从而导致中国近年出口不力吗?如果金融危机是原罪的话,那随着全球经济复苏,中国的出口也应该恢复并继续保持着危机前的增速。去年欧美各国已从金融危机中复苏,美国的经济增速更是取得了2.4%的不俗佳绩,外需并不疲软,但中国出口的增速却创今年新低,可见外部市场大小并不是主要原因。

出口不力主要还是两个原因导致的。第一,是中国劳动力成本持续上涨。目前在深圳东莞招个普通蓝领工人,工资已经达到3 000元左右,是非洲埃塞俄比亚的十倍,同时也远高于越南、孟加拉等国,中国在劳力成本上已没有比较优势。所以,中国衣服鞋帽等纺织产品的国际市场份额不断为东南亚国家蚕食、瓜分。第二，是中国国内本身的结构问题。中国的钢铁、煤炭、平板玻璃、水泥、电解铝、船舶、光伏、风电、石化这九大产业存在严重的产能过剩。如没有新的出口市场，有限新增外需最多只能消化其中部分存货，但断难继续通过出口拉动经济增长。

不过，今天的中国，环境污染已经很严重了。哪怕过去靠出口高能耗、高污染、低附加值的老路还可以走，自然环境也不允许了。记得美国总统奥巴马的力作《无畏的希望》（The Audacity of Hope）中提到，他小时候生活在印尼，那时候印尼老百姓为了有份工作可吃饱肚子，愿意忍受在焚烧垃圾的地方整天工作。但此一时彼一时。高污染的增长在今天的中国断不能再继续，看看北上广一线大城市的雾霾就够明白了。

那么，能否靠消费来拉动内需从而保持经济中高速增长呢？理想的状态是学欧美之路，通过培育国内市场、拉动消费来促进经济发展。事实上这只是一厢情愿的事。如果经济不景气，市场不能提供更多的工作机会，或是不能给原有雇员提薪，那么消费者哪来的额外收入去拉动消费呢？再者，美国目前的增长模式并不适合中国。2014年，美国人均收入是53 000多美元，中国则刚达7 500美元，就算以购买力平价计算，也只有美国的四分之一左右，通过消费来拉动经济并不现实，反而可能会因为过度强调消费，忽视技术进步而陷入像拉美、马来西亚、菲律宾那样的"中等收入陷阱"。想学欧美通过消费拉动内需，恐怕是画虎不成反类犬。

这样，投资拉动似乎成为三辆马车中唯一可行方案了。但是，如果国家照样投资基础设施相关的上游产业，则又会产生更严重的产能过剩问题，中国经济有可能会陷入恶性循环。

所以，通过投资来拉动经济，同样也需谨慎。那么，还有哪辆马车能拉动中国经济？笔者以为还是要靠出口和投资一起合力来拉。问题的关键不是要不要投资，而是如何投？由谁投？问题的关键不是要不要靠出口，而是如何深化开放来促进出口。具体请容下回再述。

(本文载于新加坡《联合早报》，转载于北京大学国家发展研究院网站，2015年3月28日)

"一带一路",重点宜不同

"丝绸之路经济带"和"21世纪海上丝绸之路"是目前拉动中国经济的重头戏。作为中国"十三五"规划的战略提出,自然是好得很。不过,更关键的是要做实。不要如北大国发院周其仁教授所讲的变成"大领导轰油门,中领导挂空挡",最后政策没有落到实处。

"一带一路",是两个拳头打人,但重点宜有不同。大陆的丝绸之路应重在通过加强与中亚独联体各国的经济合作促进地区的经济发展。自苏联经济解体后,中亚独联体各国经济虽有发展,但表现依旧不尽人意。他们有很强的意愿向中国取经,跟中国合作。年前,联合国经济社会事务署联系了北大国发院林毅夫教授、姚洋教授，希望与我们一起合作，组织介绍中国经济发展经验教训的国际培训班。结果，乌兹别克斯坦和孟加拉国各派出十多人的官方代表团来参加学习，其决心和诚意可见一斑。

中亚各国基础实施目前仍有较大的发展空间，对各种钢材、水泥、电解铝的需求很大。加强与中亚各国的经济合作有利于消化我们的过剩产能，帮助国内调整经济结构，实现经济上的互利共赢。同时，通过打造新世纪版的丝绸之路，也有助于出口中国高铁相关的大型机械设备，加强实现中国在交通运输设备出口方面的比较优势。当然，陆上丝路的进口中国主要是加强与中亚各国的油气开发和加工合作，解决中国经济发展的资源瓶颈。

不过，如果说陆上丝路目标是消化过剩产能、促进出口的话，笔者以为，海上丝路的重点则主要应该是扩大进出口，做实中国—东盟自贸区产业内贸易。

自2010年中国与东盟10国建成世界人口最多的自由贸易区以来，中国对东盟10国已实现了97%的商品进口零关税，双边和多边贸易取得了长足的发展。最近,我们一项研究发现,中国与东盟的贸易模式主要是行业内贸易,即进口和出口都属于同一大产业,比如中国从印度尼西亚进口橡胶轮胎等原材料或中间品,但向其出口奇瑞等汽车产成品。这种贸易模式事实上不但有利于中国产品升级换代,实现价值链爬升,同时也有利于开拓新的发展中国家市场,一举两得,值得大力鼓励。

中国出口产品应针对不同市场调整

相对于欧美成熟市场,发展中国家的新兴市场虽然比较零散,但大有可为。中国的出口产品应该做到针对不同的市场,产品模型和价格设计上有所差别。

以汽车市场为例,日本的国际营销策略就很成功。日本新型先进的汽车款型主打欧美市场,与其本地品牌竞争。成熟大众化的汽车款型则主打新兴工业国家如韩国、印度尼西亚等,落后淘汰的二手车则充斥在经济发展水平较低的发展中国家如缅甸、柬埔寨等。他山之石,可以攻玉。中国很多产业的出口事实上都值得好好研究日本汽车产业的经验。

总之,大力推动产业内进口,形成最终品产业内出口,实现中国的产业升级,应是海上丝路的工作重点。

不过,"一带"也好,"一路"也罢,可能最终都帮不了中国传统的劳力密集型产业的出口。在新世纪,中国劳力密集型产业的出路只有两条:一条是不断技术升级或者加大资本投入,成为技术密集型或资本密集型产业,从而保持在国际竞争中的比较优势。比如耐克鞋在美国缅因州就不是传统的劳力密集型产业,而因为不断加大资本投入变成机器化一条龙生产,已经成为技术密集型或资本密集型产业,从而符合美国的要素禀赋结构,实现了其比较优势。但显然,这条路对中国大多数的低端劳力密集型产业来讲并不现实。剩下的一条路就是:劳力密集型企业走出去,如林毅夫教授所大力推荐的,去非洲进行绿地投资。

(本文载于新加坡《联合早报》,转载于北京大学国家发展研究院网站,2015年4月17日)

努力是一种人生态度

> 本文为北京大学国家发展研究院余淼杰教授作为教师代表在 2015 年北京大学国家发展研究院经济学双学位学生毕业典礼上的发言。

尊敬的刘永好先生、姚老师、各位老师、同学、家属朋友们：

大家上午好！感谢各位老师给我的这个机会。首先热烈祝贺同学们今天顺利毕业！我非常荣幸能在这庄严美好的时刻跟大家分享我的感想。有些话可能言不尽意，或者不够深刻，但不重要，重要的是讲的这些都是心里话。

我想说的第一点是：毕业了，同学们每个人都在追求如何实现人生价值。人生价值，对我而言，在于不懈的努力。活着，就应该努力。努力是一种人生态度。为什么要努力呢？不是为了追求成功，追求名利，而是在于追求心灵的自由。当年博士毕业我选择了留在学术界。为什么？很简单，因为做学术搞科研可以帮助我实现心灵的自由。在学校里，你有领导，但没有老板。你要上班，但不用坐班。你可以尽兴地在思想的海洋里遨游，实现精神灵魂的自由，还可以跟优秀的同事、出色的同学一起工作学习。正所谓，此间乐，不思蜀。当然，还有十分难得的假期。所以，我十分赞同张维迎老师所讲的：做学术可以真正实现身心自由。

当然，社会有分工。不要求也不应该每个毕业生都去读博士当教授，然而，不管身居庙堂，还是人在江湖，都应该像林毅夫老师那样对事情坚持不懈、永不放弃。记得以前在美国读书时，感受最深的是两句话。第一句是：小的事情做不好会有小的惩罚。比如你心存侥幸，违规乱停车，必定会收到警察的罚单。

第二句是：大的事情做不好就会有大的惩罚。如果你考试没过、论文写得不好，那肯定是拿不到学位、找不到工作。毛主席说得好：革命不是请客吃饭，凡事只怕认真。脚踏实地、扎扎实实、认真做事是成败的关键。所以，我特别认同姚洋老师一直强调的"低调做人、高调做事"的这种理念。也像海闻老师以前讲过的，我们要"海阔天空地想、脚踏实地地干"。

九年前我刚到经济中心，晚上去加班时，总会发现林毅夫老师、李玲老师、胡大源老师办公室的灯都亮着，一直工作到深夜，心里很感动。心想：领导都这么拼，自己哪还好意思偷懒？以前有一次在英国开会，碰到一个完全没有双臂的同事，看他用脚打电脑写论文，用嘴叼起书包，感到特别汗颜。人家都这么努力，自己有手有脚，有什么理由不好好努力！看来，榜样的力量的确是无穷的。

问题是，如果没有榜样，又或者是身处逆境，成功似乎遥不可及，该怎么办呢？这是我要讲的第二点。曼德拉、昂山素季的故事也许就是最好的回答。

昂山素季被软禁了十几年，她从没放弃过，告诉别人：既然你无法改变现状，那不如换一种心态去主动适应它，继续做应该做的事情。

　　有时候，总有些东西是无条件成立的真理。努力本身就是一种人生态度，能否成功并非关键，何以成败论英雄！过程有时比结果更为重要。凡事只求尽人事，安天命就行了。人生的目标不只在于追求成功，更在于做有价值的事情。至于什么是有价值的事，每个人的定义自然有所不同，也无须相同，你喜欢做的事情就是有价值的事情。当然，正如我的同事雷晓燕老师讲过的，兴趣是培养出来的。也像张帆老师讲的，人一辈子最重要的事情就是努力做自己，走自己的路。

　　同学们，今天的时代，可以说是五千年来最好的时代，到处都是机会。正如林毅夫老师所讲的，我们是坐在金矿上淘宝。当然，也有可能是最具有挑战性的时代。这是一个竞争十分激烈的时代。"既生瑜，何生一堆亮？"同学们身在北大，肯定是感同身受。不管自己怎么努力，总是考不到第一，或者考不了次次第一。外面的社会可能也是大同小异。因此，保持健康良好的心态非常重要，它是生活快乐的源泉。比如说，在学术界，如陈平老师讲的，是高手林立、英雄辈出。我经常借鲁迅先生的话，鼓励自己勇敢走下去。那就是做一条小溪，哪怕细小微弱，但只要清澈见底，就够了。所以见到长江黄河，不必妄自菲薄。哪怕你见了诺贝尔奖得主，你也可以在他面前讲你的研究发现，不必怀疑自己研究成果的价值。不唯上，不唯书，只唯实。做研究如此，做人更是这样。也正如马浩老师以前在毕业寄语中说过的，要不卑不亢。总之，请走自己的路，不必去跟别人比，只跟自己比。只要今天比昨天有进步，就可以知足了。用计量经济学的术语来讲，就是只做时间序列分析，而不去做横截面比较。孟子说过："达则兼济天下，穷则独善其身。"逆境时，不必怨天尤人，更应该努力保持内心的平衡、淡定、从容地去面对各种挑战。这是我要强调的第二点。

  第三点，就是要学会坚持，学会不放弃。成功的关键不在于你有多聪明，而在于你能坚持多久。驽马十驾,功在不舍。愚公移山的精神值得我们发扬。只要我们有"子有生孙、孙有生子,子子孙孙无穷尽"地坚持下去的精神,再高的山也可以移开。正如诗人汪国真说的,没有比人更高的山,没有比脚更长的路。学会坚持就是要沉得下心,不求一城一池之得失,学会坚持就是要学会坐冷板凳。青蛙之所以能跳得高,是因为它跳之前先蹲下去。学会坚持就是要学会专注,不要四面出击。周其仁老师常引用毛主席的话跟我们说:做事情,伤其十指,比不上断其一指。

最后,再次祝贺大家经过自己三年来不懈的努力,顺利从北大毕业!从北大国发院毕业!这是对你个人努力的回报跟肯定,也是你们整个家庭的荣耀!正如张黎老师以前在毕业赠言中强调的,请感恩你的家人。我们都是一只小小鸟,如果没有家庭这双隐形翅膀,我们是怎么样也飞不高的。电影《特洛伊》中的英雄 Heckter 讲过一句话:"生活对我来讲很简单:敬畏神灵、保卫祖国、关爱家庭。"我很喜欢这句话,把它稍作修改作为我微信的签名档。那就是:"生活对我来讲很简单:热爱北大、专注学术、关爱家庭。"之所以讲热爱北大，是因为我相信，北大是我们大家永远共同的精神家园！同学们，今天刚好是父亲节，请记得跟家长们说一句感谢，感谢他们一直以来默默地关爱和支持！

总之，请大家毕业后继续奋斗、坚持不懈、自强不息。还是那句老话，今天你以北大为荣，明天北大以你为耀！祝大家前程似锦，心想事成！谢谢大家！

（本文载于北京大学国家发展研究院网站，2015年6月25日）

香港"自由行"的红利
到底有多大?

内地游客不断增加,的确给港民交通增加了一定的负担。但更大的抱怨是来自对婴儿奶粉、婴儿纸尿裤等日用品的抢购,导致部分产品断货或者被拉高价格,导致本港居民不得不承受高价。香港虽是高收入经济体,但基尼系数高达0.43,收入分配相当不均。很大部分人月收入不足万元,衣食住行的开支很大,日子过得并不潇洒。

从宏观数据看,"自由行"对香港的零售业虽有提升,但零售业对香港经济的贡献不大,去年才占GDP的1.3%。所以,有人据此认为"自由行"对香港经济正面贡献不大,可有可无,负面影响却不小。

所以，限制"自由行"似乎是有利于香港的事情。实际上，这种看法过于狭隘。

"自由行"拉动大量就业

首先，"自由行"明显拉升了香港的零售业就业。金融业这类高端服务业，占 GDP 的比重较高，对就业的提升作用不大，而零售业的 GDP 占比不大，但对就业的提升作用较大。据统计，十年的"自由行"创造了香港近十万的新增零售业岗位。

美国这样全球最大的经济体，因为认定中国的小轿车商用轮胎低价倾销造成美国近十万人失业，不惜冒着与中国撕破脸重起贸易战的风险，在 2009 年强势通过高达 35% 的特保关税，可见，十万人的就业对美国不是小事。

香港地区的人口只有 720 万，是美国的五十分之一，十万人的就业更难小觑。此外，从经济学一般均衡的角度来看，"自由行"并不光带来十万人的就业，新增就业所带来的收入又会创造更多的购买力，带来更多的工作机会。如同货币乘数一样，它对香港经济的影响会呈现"滚雪球"效应。所以，"自由行"对香港经济的提升作用不能只看占 GDP 的百分点。

其次，市场的扩大从来都是好事。世界上所有的国家或自由经济体，无不想方设法增加外需扩大市场：韩国开放济州岛，中国游客可以免签去旅游购物；今天日本、澳洲几乎所有的国际机场都备有中文翻译，恨不得中国游客多买一点；台湾更是在"大三通"的基础上，鼓励大陆居民"自由行"、不必再组团出行。一直以"自由、开放"为立港精神的香港，多年来的繁荣即借助于自由港口的利好，现在不应与此背道而驰。

随着近期美元的不断强势，由于香港实行金管局完全固定汇率制度，香港奢侈品的价格优势相对于欧洲等地已不再明显。香港本港的旅游资源因自然人文景点有限，与内地沿海城市景点替代性强，国内迅速成长的中产阶级出境旅游更多会选择地域差异性更大的地方。单就旅游而言，香港旅游业并没有太多的比较优势。

开放、自由仍是香港灵魂

相对而言,香港价廉质优的日用品、妇幼保健品是普通游客的首选。因为要征收行邮税,内地海关限制访港游客每次带的婴儿奶粉、进口红酒数量。当然,限制婴儿奶粉进口保护了蒙牛、伊利等乳业巨头,但损害的是老百姓的福利——消费者不得不付更高的价格去购买低质、不放心的奶粉。

国际贸易学基本原理告诉我们,就算加上政府所征收到的关税,消费者福利的损失还是要大于生产者福利的增加和关税收入。

在落马洲口岸立有禁令:超额携带奶粉者罚款5万元或监禁两年!其中一个顾虑,就是内地"自由行"拉动的不是香港的奢侈品消费而是日用品消费,可能会"挤出"本港居民的消费,减低他们的福利。特别是深圳居民可以一年多次往返,所以,周末去香港"打酱油"可能不是个玩笑。

诚然,如果奶粉的供给不能增加的话,需求的增加当然就会拉动本港的价格,对本港居民不利。但问题在于，内地"自由行"来港购买的奶粉多是荷兰、瑞士生产，婴儿尿裤更是日韩生产为主，本港本地产品并不是首选，抢购奶粉对本港的行情影响甚微。香港中间商只需要多进口即可满足市场，且不但零售业受益，运输物流也跟着沾光。增加就业岗位带来的福利，可以惠及更多的香港普通家庭。

如同自由贸易一样，"自由行"有利于整个香港经济，不等于说"自由行"对香港每个人都有利。肯定是几家欢乐几家愁，零售业卖家直接受益，但类似产品的消费者可能利益受损。港府可以对可能受冲击最厉害的孕妇、有婴幼家庭进行"自由行"调节补助。

以最信奉"自由经济"的美国为例，仍然实行大规模的贸易调节补助法案（Trade Adjustment Assistance）。美国在 1994 年与加拿大、墨西哥建立北美自贸区后，因从墨西哥进口大量价廉物美的鞋帽、纺织等劳力密集型产品，使得美国的劳工处于严重不利地位。但美国政府并没有因为这样就把"脏水"和"小孩"一起倒掉，而是一方面强力推行北美自贸区的建设，一方面实行贸易调节补助法案，对因在自由贸易中受损的劳工按具体不同的方案加以调节补助。

如果真的限制"自由行"的话，对香港经济的损害远大于对内地经济的损害。还是以美加自贸区为例，1994年成立自贸区之后，对相对小国加拿大经济的促进作用远大于对相对大国美国经济的促进作用。同理，如果限制"自由行"，内地经济体已达十万亿美元，即使没有"自由行"，充其量是老百姓不能方便地买到放心奶粉而已。

透过这些表面的现象，从长远来看，开放的香港、自由的香港应是香港经济和香港文化的核心与灵魂。

（本文载于《凤凰周刊》，2015年第13期）

中国当前经济　创新近乎一切

著名的经济学家克鲁格曼有句名言：生产率不是一切，但近乎一切。中国目前的经济形势可以概括表达为：创新不是一切，但近乎一切。

目前中国经济增长势头虽然较上世纪前十年经济增速有所减慢，但这是大势所趋，原因有三。一是中国的经济规模上去了，蛋糕做大了，分母大了，相同规模的经济总量增量也只能带来较小的经济增速。二是国际经济形势发展平缓，中国经济目前已全面融入到全球经济，外需疲软必然导致出口增速下降，三驾马车目前有一匹驽马拉着。三是中国目前人口红利下降，工资上升迅速，刘易斯拐点已经到来，中国劳力密集型产业的比较优势已经不再明显。

三者之中,经济增速减慢并不足为虑,没有任何严肃的经济学实证研究表明中国的经济增速必须保持在7%以上,中国经济才能健康稳定发展。事实上,只要保证中国经济增速比全球经济增速高出1%—2%,中国就能确保成为全球经济的火车头。所以,增速的绝对数不重要,相对数才重要。

不过,最为重要的是提高企业的生产率,只有制造业企业的全要素生产率提高了,才能使企业或行业绩效的提高不必靠劳动力、资本、中间品的简单粗放式投入,而是通过技术的改造创新,促进企业绩效,增加利润,实现集约式增长。

这就是克鲁格曼强调生产率不是一切,但在长期中近乎一切的原因所在。

不过,凯恩斯爵士也说过,在长期中我们都死了,实现全要素生产率提升时不我待。

而提高全要素生产率,首要是鼓励企业创新,只有创新,才能实现企业产品升级换代,经济转型发展。

既然研发重要,那靠谁来实现研发,主要是靠企业还是靠政府？

以美国为鉴。纵观整个20世纪，美国的研发都是政府和企业共同合作推进。但谁唱主角谁敲边鼓呢？这又必须区分是哪种研发，是工序式研发，还是基础研究性质的研发？

就工序式研发而言，在20世纪前四十年，美国是企业唱主角、政府敲边鼓。20世纪之初，通用电气和美国铝业等公司就开始进行大量的工序式研发。整个30年代，美国企业和政府的研发投入是六四开，企业出六成，另外四成由政府和公立大学出。二战后，美国研发出资比重就倒过来：政府出六、企业出四。

但基础研究又是另外一回事。二战前，美国基础研究主要是靠政府所资助的大学和工业研究机构来完成，大部分新产品研发也是由政府资助完成的，而企业则多从事工序式研发。理由很简单，新产品研发和其他基础研究失败率太高，对企业盈利的直接帮助可能也不大，重要的是，还存在"免费搭车"的问题。企业本身对吃力不讨好的事情，积极性自然不高。所以，政府资助的非营利研究机构和公立大学对基础研究的发展就至关重要。

但战后，一些大型企业富可敌国，实力已够大够强，能够成为新技术发明创造的火车头了，这一点在半导体、计算机、微电子等当时的高科技行业表现尤为明显。

今日之中国，研发大致还处在美国二战前的阶段：许多新技术都还在引进，如当初美国从德国引进一样。90年代，当广东科龙成为全球最大的电冰箱制造商时，中国尚无法百分百地自主制造电冰箱所有部件。在这样的一个阶段，让企业负责整个国家各类的研发，似乎还不成熟。

中国不妨学习美国当年，更多资助大学从事基础科研。政府可以资助各类研究所集中力量对关键科研问题进行攻关。待当经济中有更多的联想、海尔、华为、中兴时，研发投入则可变成企业唱主角、政府敲边鼓。

总之，对于中国经济而言，创新不是一切，但近乎一切。

（本文载于新加坡《联合早报》，2015年11月3日）

中国深度开放，有利全球经济

中共中央在关于制定"十三五"规划的建议中，明确提出进一步深化对外开放，发展中国经济，强调多层面提高对外开放水平，从多维度丰富对外开放内涵。我以为这些深化对外开放的战略部署，不仅有利于中国经济的发展，同时也有助于实现全球经济的增长。

第一，中国制造业企业"走出去"，深度融入全球产业链和价值链，有助于帮助东道国经济的发展。目前，随着人口抚养比的不断上升，中国人口红利逐渐减少，蓝领工资迅速上涨。相对于欧美而言，中国虽然仍可界定为劳力丰富型国家。但相对于越南、泰国等东南亚国家或是大部分非洲国家，中国在劳力密集型产业已毫无比较优势可言。比如北非的埃塞俄比亚的制鞋业，虽然劳动生产率只有中国的一半左右，但工资不足我们沿海省份的一成，比较优势非常明显。中国的劳力密集型企业"走出去"，投资东南亚、北非等国，已是大势所趋、时不我待。鞋帽、纺织品这类劳力密集型企业的外包能在东道国创造大量的工作岗位，对解决当地就业问题、维持东道国社会稳定起着相当积极的作用。

当然，这部分低端的劳力密集型企业走出去对中国经济会有比较复杂的影响。一方面，由于劳工成本是劳力密集型企业产品的一大头，企业劳工成本的下降有助于企业实现更多的利润，有利于提升中国的国民生产总值（GNP）。另一方面，这部分劳动岗位的外流，对中国的就业会带来一定冲击，但随着"大众创业"理念的深入推广，中国服务业会在"十三五"期间发展较快。服务业能比制造业提供更多的工作岗位。中国并不需要太多担心就业岗位外流。退一步讲，如果这部分劳力密集型企业不走出去，在国内也面临着很大的生存挑战。所以与其被动被淘汰，不如主动走出去创造机会、寻找机遇。

第二，积极参与地区自由贸易协定，大力减低贸易壁垒，利己更利人。目前中国已与十多个国家有了自由贸易协议（FTA）。这其中最主要的莫过于东盟 10+1 自贸区和中韩自贸区了。东盟 10+1 自贸区是全球人口最多的自贸区，也是全球经济增速最快的自贸区，它的建立对提升东亚地区各国经济福利、推进全球经济增长有着重要作用。中国与东盟 10 国在全球价值链中分工不同，优势互补。东盟各国主要向中国出口原材料、农产品、中间品，中国再结合从日韩进口的核心零部件，加工装配制造出最终品，出口欧美。在这种全球分工模式下，东盟 10+1 自贸区的建立真正实现了中国和东盟 10 国优势互补、互惠双赢。

一方面，目前中国对东盟 97% 的农产品实行零关税的自由贸易政策。这大大改善了东盟 10 国特别是发展程度较低的越南、柬埔寨、缅甸和老挝四国的出口。中国是东盟各国最大的出口目的地，东盟 10 国对我国总体贸易顺差，对华净出口又有助于其积累外汇储备，保证本币坚挺，避免金融危机，促进经济发展，维护地区社会稳定。中国对印尼等东盟国家大量多品种、多层次的汽车、家电的出口，为东盟各国消费者提供了更多相对低价但质量有保证的产品，提升了当地居民的福利，功莫大焉。而劳力密集型产业的转移更是直接地解决了当地就业问题，带来了较为先进的生产技术。

中韩自贸区对中韩两国经济的影响也是异曲同工。韩国是我国十大贸易伙伴之一，更是我国核心零部件的两大进口国之一。降低两国关税、非关税壁垒有利于我国企业降低进口成本，创造更大的产品附加值率。因为韩国技术比较先进，目前深度的开放有利于其先进技术外溢到中国，"他山之石，可以攻玉"，有助于我国产品升级换代、产业转型提升。

中韩自贸区的建成对韩国更是有百利而无一害。韩国、日本都是向中国提供高附加值的核心零部件，两国都对华贸易顺差。更重要的是，两国产品差异化程度不高，彼此产品替代性强，对华出口方面具有很强的竞争性和排他性。目前，中日尚未建成自贸区。韩国棋先一着，随着进口关税的减免，韩国同类产品将相对日本更有竞争力。

第三,实施"一带一路"开放战略,拉动地区经济发展。陆上"丝绸之路"的建成是促进我国和中亚各国经济持续发展的重要抓手。一方面,高铁、动车等相关先进装配的出口和铁路的建设对促进中亚各国经济的发展起着巨大的推动作用。近35年的中国经济增长告诉我们一个朴素的真理:要想富,先修路。另一方面,中亚各国铁路的新建、城市的发展需要大量的钢铁、水泥等大宗原材料。而我国在这些行业上也存在过剩产能,需要释放相应存货。供需刚好匹配,正所谓"赠人玫瑰,手有余香",善莫大焉,何乐而不为?

最后,值得强调的是,深度的开放意味着深层次地融入世界经济,熟悉国际贸易、投资的国际规则,与国际惯例接轨。比如在国际贸易、投资谈判中"负面清单"模式的采用,因为深入,自然专业,所以更容易被贸易伙伴接受,实现更多的贸易红利。

一句话,中国的深度开放是利人又利己,必定促进中国和全球经济的增长。

(本文载于《人民日报》海外版,2015年11月6日)

人民币"入篮"兴奋过后需冷静

北京时间12月1日凌晨1点,24位国际货币基金组织(IMF)的执行董事投票决定将人民币纳入SDR(特别提款权)的货币篮子,正式成为该篮子继美元、欧元、英镑和日元这四种货币之外的第五种入篮货币。毋庸置疑,这是人民币国际化的一个里程碑式的阶段性成果。

什么是特别提款权?一句话,它是IMF根据其会员国认缴的份额分配的,主要用于弥补会员国政府间国际收支逆差的一种账面资产。之所以需要SDR,是因为布雷顿森林体系设计自身的缺陷,一方面,美元与黄金挂钩,其他国家货币与美元挂钩,另一方面,各国经济的发展需要更多的美元支持。这样,当各国手头所持有的美元过多时，必定会对美元的长期坚挺失去信心，从而产生美元危机。

在经历了 20 世纪 60 年代末的美元危机后，为了防止黄金进一步流失，补偿黄金储备的不足，美英各国提出了创立"纸黄金"也就是 SDR 的建议。这样，如果一成员国暂时出现国际收支逆差，就可以用 SDR 来还债。当然，各主要国家的认缴份额和投票权都不一样。

这个想法好是好，问题在于如何确定哪些国家有权"铸币"呢？SDR 采用一篮子货币的定值方法。篮子每五年审一次，以保证篮子中的货币是国际交易中所使用的那些具有代表性的货币。2010 年确定的篮子中只有四大货币，比重也不同。分别是美元占 41.9%，欧元 37.4%，英镑 11.3%，日元 9.4%。可见，没有任何发展中国家的货币入篮。

但今天的中国经济，已早非吴下阿蒙，总量已稳居全球第二，商品贸易全球第一。人民币的重要性也越来越明显。目前，人民币已是全球第二大贸易融资货币、第四大支付货币、第六大国际银行间贷款货币、第七大国际储备货币。可以说，人民币已逐渐成为国际性货币。

不过，如果人民币不是SDR的篮子货币，说人民币是国际性货币，似乎还有点尴尬。因为SDR的入篮要求两个条件：一是入篮国商品和劳务出口额要足够大；二是入篮国的货币要被IMF其他会员国所大量持有，成为储备资产。今天的投票表明了国际组织已经认为人民币是可自由兑换的货币，已经成为其他国家的主要储备资产之一。

中国有句古话：名不正则言不顺，言不顺则事不成。历史将会记住今天，2015年12月1日，人民币正式成为国际货币。人民币国际化向前迈出了一大步！如果说，以前中国是个国际贸易的大国，但还是个国际金融的小邦，那么从今天开始，历史将翻过新的一页。

当然，人民币入篮之后，还依然面临着不少不确定性，对中国实体经济会有一定的挑战，虚体经济也会有相当的风险。

因SDR本身规模不大，不到3 000亿美元储备，而中国的外汇储备已超过3万亿美元。首先，人民币入篮更多的是具有象征性意义。所以，如果一个大国真正发生国际收支逆差，想通过其来融资，估计是杯水车薪。中国目前有这么多的外汇储备，就算是再未雨绸缪，也无须通过SDR拆借头寸。中国的真正战略目标在于减少对美元的过度依赖。方向自然是对的，但目前以SDR这样小的规模，恐怕是作用不大。所以，如果是想减少对美元美债的过度依赖，中国可能还需另觅他径。

入篮之后对国际金融最直接的冲击莫过于人民币的波动。受中国实体经济今年总体下滑之累，国际投资者多看空中国，人民币今年持续贬值走低。坊间也有担心，入篮后，人民币实现可自由兑换，会有大量资本外流。

恰恰相反，笔者认为入篮后，2016年人民币必将总体升值。理由很简单。中国经济发展增速虽放缓，但放眼全球，又有哪个国家能有更高的经济增速和相当的规模经济？还有哪个地方有更好的投资机会？如果没有，人民币自然会坚挺，那么，自由兑换下的人民币只会升值。

若企业的全要素生产率是汇率升降的一个靠谱的指标，那么，考虑到中国近年来全要素生产率不断提升的事实，断然没有理由相信人民币会不断贬值。相信入篮之后，人民币会先小幅升值，之后，更大的行情会在2016年。当然，从投资者角度着眼，自然是要做好资产配置，套期保值，避免人民币波动引起的可能损失。

最后，从国内政策制定方来看，相关决策和业务部门需要进一步完善货币政策制定与金融监管。入篮之后，货币市场更为开放，资本项目的放开已是大势所趋，那么央行更应该用全球视野来制定货币政策。相应地，金融监管变得更为复杂困难，对专业人才的要求也就更加迫切。这些都是中国应该早做谋划的。

总之，入篮是大好事，但行百里者半九十，更要注意后面的风险和挑战。

（本文载于《人民日报》海外版，2015年12月2日）

TPP，"贸"似如此

2015年国际贸易多边谈判最抢眼球的事恐怕莫过于TPP近期的顺利推进了。10月底，泛太平洋战略经济伙伴关系协定（TPP）谈判终于取得实质性突破，美国和其他11个泛太平洋国家就TPP基本达成一致。12个参与国加起来占全球经济的比重达到了40%。也因此，TPP被认为是当代版的高水准的小型"世界贸易组织"（WTO），成为目前产、政、学各界高度关注的焦点。

为什么是TPP？

答案恐怕是各界对WTO近期谈判结果的极度失望。WTO的前身叫关贸总协定（GATT），是二战后反法西斯国家重新安排世界秩序的"三大法宝"之一，与世界银行、国际货币基金组织的目标不同，关贸总协定的首要任务是减免关税，促进自由贸易。到目前为止，GATT/WTO一共进行了九轮谈判，前面几轮谈判不管成果多少，都能顺利收官。最成功的一轮谈判是历时8年的第八轮乌拉圭回合，成果斐然。除了让发达国家和发展中国家关税都在各自基础上削减近四成以外，还给关贸总协定升级换代，让之华丽转身为世贸组织。世贸组织相对于关贸总协定，绝不仅仅是换了个马甲而已，最重要的是比较完善的争端解决机制。

简单说，就是说好了减免关税，但成员国谁说话不算话，出尔反尔，就得受到惩罚。其他成员国可以合法地提高关税，以牙还牙地报复。这样，就可以有效地避免原来大家担心的"谁减关税谁吃亏"的囚徒困境。

应该说，开始时WTO运作得很好，大家都挺买账。一个明显的指标莫过于WTO成员数目的不断扩大。1994年成立时只有126个兄弟，到了2012年俄罗斯加入时，已经排到了第156把交椅。世贸组织成了全球俱乐部。一时，风景这边独好！全球多边贸易谈判似乎完全取代了地区贸易协议。

不过，月盈之时实为月亏之始。2000年左右正式启动的千禧回合一开始就命运多舛。事实上，第九轮多哈回合到目前已有15年了，谈判各位首席代表是从黑头发变成白头发，但远没方法完美收官。理由很简单，与之前简单地要求各国减免关税、小规模削减各种非关税壁垒不同，多哈回合要求各方在核心利益上做出让步。

富国要求穷国打开国门，允许服务业市场准入，同时切实做好知识产权相关贸易工作，穷国则要求富国取消各种农产品保护措施，并着重点名了欧盟的农产品出口补贴、美国的白糖进口配额、日本的大米技术性壁垒。因为涉及国家核心利益，各国都不愿让步，胳膊上阵，锱铢必较。今年上半年在印尼巴厘岛的部长级会议虽然取得了一些进展，各方都承认多哈回合谈判基本已成功了80%。但行百里者半九十，最后的议题是各方都不愿意让步的内容，正所谓强弩之末不能穿鲁缟。

什么是 TPP？

正是对 WTO 的极度失望，各种地区贸易协定卷土重来。自然，地区贸易协定不是目前才有。事实上，目前全球已有超过 200 个各式各样的地区贸易协定。泛太平洋战略经济伙伴关系协定（TPP）也不是一开始就很重要。2002 年，新西兰、智利、新加坡、文莱四国开始签订协议时，因为都是蕞尔小国，国际上并不太在意。开始引起关注是在 2009 年美国宣布加入 TPP 谈判。经济界老大一出场，行情自然看涨。先后有 11 国宣布加入谈判。一边是老美的前庭后院——加拿大和墨西哥，南美的智利、秘鲁，大洋洲的澳大利亚和新西兰，以及东亚的新加坡、文莱、越南和马来西亚。

不过，如果是到此为止，TPP 也成不了气候，因为其他 10 国的经济总量加起来，跟美国也根本不是同个量级。然而，2011 年日本正式决定加入 TPP 谈判，结果就不一样了。日本目前占全球 10% 的 GDP，而美国占了全球的 23% 左右。哪怕没有其他国家加入，如果日本全部的贸易品都卖给美国，这一来一去，就有接近全球20% GDP 左右的贸易量，的确是个大蛋糕。

如果说，WTO 是全球贸易的 1.0 版本，那么，TPP 则无疑是全球贸易的 2.0 版本。它对成员国的开放要求相对要高得多。具体而言，不同于 WTO 在关税上的减免，TPP 则着力在非关税壁垒上的削减。理由很简单，经过近 70 年的关税减免，基本上发达国家的平均关税都很低了，只有 2% 左右。发展中国家的关税水平也已降到 9% 左右。可供减免的空间其实不大。而非关税壁垒则不然。所以 TPP 强调消除或削减涉及所有商品和服务贸易、投资的非关税壁垒。不再允许成员国"犹抱琵琶半遮面"，标准的商品贸易自然要覆盖，新兴的服务贸易、对外投资也是重点。

不仅如此，TPP 还要求按照发达国家的贸易规则出牌。主要有以下三点。一是在制造业方面，虽然也强调自由贸易，但不是大家任意对商品定价的贸易规则，而是要求发展中成员国要与发达成员国承担相应的保护环境要求、最低工资标准等劳工规则，也就是强调基于自由贸易上的"公平"贸易。对发达国家而言，则要求成员国取消各类农产品壁垒。二是对待市场准入方面，要求国有企业和私有企业必须一视同仁，不可在要素市场、市场准入方面对私有民营企业设置各类"天花板""玻璃门"。三则是在服务业方面强调加强知识产权保护，同时也强调包括新闻自由、互联网自由在内的信息自由。

中国应积极参与谈判

"贸"似如此，中国该怎么做？四年前，当日本刚宣布加入TPP谈判时，笔者为FT中文网写了一篇《TPP：美国的独角戏？》短文。笔者的基本判断是，如果日本不加入TPP，那么TPP不足为虑，是美国的独角戏而已。TPP这出好戏，关键是看日本会不会加入。

经过四年的谈判，日本终于铁了心要加入。当然，日本政府还是很顾忌日本农会的反应，所以承诺了要政府采购来补贴农民，补贴他们因被国外舶来品冲击而失掉的农业市场。自然，这样日本政府会有一定的财政压力，但当局认为加入 TPP 所带来的福利大于补贴的成本，利大于弊，值得一搏。

日本当局的决定正应了经济学博弈论的最基本原理。在大国博弈中，谁也不比谁聪明。很明确，加入 TPP 谈判是日本的最优策略。一方面，经济上可以摆脱"失去的二十年"所造成的经济颓势；另一方面，政治上进一步与美国"联姻"。

中国该怎么做？这让我想起了博弈论的第二个原则：做决策时，不仅要知己知彼，还要知道对方也知己知彼。如同电影《007》中一样，永远都有一个 B 计划，而不能刻舟求剑。当务之急，中国应该马上积极参与 TPP 的谈判。这样做，至少有三方面的好处。

第一，可以更深入地融入全球一体化，分享贸易全球化红利，保持出口的比较优势。当前，劳工短缺所引起的工资上升已是不争之实。跟越南、孟加拉国等东南亚国家相比，中国传统劳力密集型产业已毫无成本优势。之所以还能保持一定的出口额，只是因为这些国家的出口规模太小，无力全盘吞食中国的出口市场。但假如中国被排除在 TPP 之外，那么，相对于那些中等收入的成员国，因为其产品可以完全零关税出口美国，而中国却不能。这样，中国原来的出口市场份额将进一步地萎缩。这对目前本来就严峻的出口形势可谓雪上加霜。

第二，可以通过加入 TPP"倒逼"推进国内改革。对 TPP 目前各界最大的顾虑有两个，一是美国可能故意不让中国加入。老实说，谁也不知道老美一开始心里的小算盘，但就今日之国际经济形势，中国的加入明显符合老美的利益。有了中国和日本，TPP 再加上着眼于欧盟的 TTIP，美国撇开 WTO 另起炉灶的美梦才有可能成真。所以，美国会挡路的顾虑可以消除。

另外一个顾虑就是加入 TPP 谈判，会对中国的许多行业造成很大的冲击，甚至可能影响到就业问题；而且中国本身许多方面并没有达到人家规定的要求。要解开这个结，首先要认识到 TPP 的谈判不可能是一蹴而就的。客观预测下，没有三五年是谈不下来的。到了"十三五"收官的时候，那时估计劳工标准、环境标准、知识产权标准都不成问题。因为这些都是我们要做的事情：提高最低基本工资，加快各地贫困地区脱贫；保护环境，做好节能减排；鼓励创新，加强知识产权保护。至于说对相关产业造成冲击，更是不足为虑。现在的中国经济承受力不知要比 15 年前加入 WTO 时好多少。那时"狼"来了，都没事，现在还怕这头披着狼皮的"羊"？

  第三，加入 TPP 谈判并不会丧失国际贸易投资规则的话语权和制定权。首先，除了 TPP 以外，中国还有东盟 10＋1 自贸区、中韩自贸区以及在此基础上拟建的东盟 10＋6（也就是区域全面经济伙伴关系，RCEP）。虽说目前的自贸区分布态势正如美国国际贸易学研究大师 Bhagwati 教授所说的，是一碗"你中有我，我中有你"剪不断理还乱的"意大利面"。但中国无疑在上面所列这三个自贸区中起着顶梁柱的作用。这些自贸区的成功建立和顺利推进，事实上是 TPP 的有力竞争者。更不要说现在中央正在全局谋划的"一带一路"对外开放战略。其次，加入 TPP 谈判不等于说中国就没办法在 TPP 中起着重要作用。打个比方，如果说 TPP 是个微信群，老美也不是群主，只是个大 V，中国也未必不能后来居上。

毕竟，这世界最后还是要靠实力说话的。中国革命史告诉我们，毛主席也不是一开始就是领袖，是历史选择了他。

一句话，TPP 的贸易模式代表了以后国际贸易的发展方向，中国应该早日主动积极参与谈判。

（本文载于腾讯《大家》专栏，2015 年 12 月 3 日）

中非合作,贸易可以减贫

日前在南非约翰内斯堡举行的中非合作论坛,重头戏之一就是中非经贸合作减贫。笔者有幸作为中方贸易投资专家代表参加这次部长级会议。事实上,目前中非的双边经贸往来,主要是两条腿走路:左脚是双边国际贸易,右脚是中国在非洲的直接投资。问题是:这两条腿是否有利于促进非洲大陆的减贫?如果有,它们又是如何实现减贫的呢?到底是哪条腿跑得快,更有利于非洲的减贫呢?

就量而言,非洲的双边贸易额远大于直接投资额,所以,本期我们先侃下中非贸易这点事儿。

先来看双边国际贸易。目前中非双边贸易额已接近2 200亿美元,虽说只占中国外贸总额的5%,冰山一角而已。但如果纵比，那可是不得了。66年前新中国成立时，中非双边贸易只有区区120万美元。到了新世纪初，在中国加入WTO前夜，中非双边贸易额已达10亿美元。在短短半个多世纪的时间里，双边贸易额翻了18 000倍，平均每年增长近300倍！

  那么，中非之间互相出口什么呢？非洲兄弟运到大陆来的成品可以说真的是50年不变，主要就是各种各样的矿和一些农产品。但我们出口到"兄弟加伙伴"那里去的产品就不同了，真的是与时俱进。改革开放之前，出口产品主要也是农副产品。改革开放之初就变成了出口服装鞋帽等劳力密集型产品。到了新世纪更是摇身一变，主打机械设备、电器，甚至还出口一部分高新产品。

  不过，你猜猜中非的双边贸易中，到底哪方是顺差方？拍脑瓜的答案，自然应该是中国。别忘了，中国的出口有2.2万亿强，单单凭一国之力就占了全球出口的一成还多，自然是全球头号出口国。按此类推，对非洲贸易自然是顺差。

  但这次还真猜错了。顺差方是我们的非洲兄弟。

再细想一下，理由也很简单：我国加入 WTO 之后，所有产品的关税普遍都下降，从非洲进口的农副矿产品量自然就大大增加了。事实上，中国与全球 200 个国家的贸易中，除了与美国、欧盟的贸易是顺差外，其他都是逆差。这倒也印证了某个股市大鳄的名言：在炒股中，你无须每次都赢，你只需要赢关键的那一次！

话说回来，中非的贸易顺差比起中美的贸易顺差，那真是小巫见大巫，真的是无伤大雅，再说，谁叫中国与非洲，现在是兄弟加伙伴呢！

问题的关键，非洲兄弟如何能从中国制造中受益，并有助于脱贫呢？

途径有两个。第一，如果非洲国家从中国进口的产品多是资本品，而不是一般的最终消费品，那就能帮他们减贫。目前欧洲从中国进口的产品，有近三成是机械和电器产品。这当中，有相当部分是用于制造日常消费品的资本品。从中国进口这类产品，会有一定的正面溢出作用，可以帮助本土企业提高全要素生产率。

第二，通过从中国进口高质量的进口中间品或是较好的机器设备，非洲当地企业就可以生产出质量较高的产品，企业可以在国内市场占有先机，甚至还可以出口到其他国家，在出口市场上占有一席之地。

这两条路，可谓是一箭双雕，都可以提高企业利润。钱挣多了，自然就会多雇工。工作机会一多，自然就会有更多的人口脱贫。正所谓，授人以鱼不如授人以渔。

当然，对中国而言，赠人玫瑰，手有余香。中国出口的增加也可以在一定程度上拉动国内的经济。此等双赢之举，何乐而不为？

（本文载于新加坡《联合早报》，2015 年 12 月 12 日）

2016 供给侧改革元年：
去产能活商贸　供需双管拉经济

　　日前坊间对中国经济似乎多为看空。最主要有两个根据。一是中国经济增速创新低，去年经济增速不足 7%；二是中国外贸也创新低，去年中国进出口总额只有四万亿美元，比前年不增反降。这是自 2008 年世界金融危机以来中国外贸的首次负增长。两者加在一起，也难怪许多人都在嘀咕：中国经济增长的大旗到底能扛多久？

　　对于中国增速放慢这点，倒也无须多虑。经济盘子大了，每年哪怕有同样量度的经济增长，增长速度都会降下来。道理很简单，同样的分子，分母大了，分数自然就小了。就笔者所知，经济学界没有任何站得住脚的严肃学术研究证明8%才是中国经济的正常增速。8%只是来自上世纪90年代的一个思维惯性数字。当然，7%也不是底线，事实上，如果美国经济能保持4%的增速，那奥巴马总统马上就会被认为是美国历史上最治国有方的总统之一了。

那么，什么是中国经济增速的底线？答案是，没有一个绝对的数字。只要中国能比美欧日经济增速高出1—2个百分点，那就够了。关键是要保住世界经济火车头的位子，相对增速比绝对数字重要得多。

不过，也不能说对中国经济前途的担心都是杞人忧天。比如，如何解释中国去年外贸的全面下滑？出口下降2%，而进口下降得更厉害，有7%左右。这可能不能简单地归因于外需疲软。受前几年全球金融危机的拖累，难道前年外需就不疲软？没有直接证据说明世界经济去年比前年更差。所以，问题应该还是出在中国经济本身。

那么，问题到底出在哪儿呢？

首先应是中国出口产品的比较优势下降。企业能做国际贸易，无非靠两点：要么有成本优势，价格够低；要么产品质量比别人好。中国的大部分产品，跟日本、德国的比起来，平心而论，是看不出有质量优势的。要跟别人竞争，主要还得靠价格优势。

但过去十年，农村劳力不再是无限供给，中国工资的上涨已是不争之实。做个简单的国际比较，中国目前的蓝领工资水平已接近于墨西哥，差不多是越南的两倍、埃塞俄比亚的八倍。更不利的是，越南最近加入了 TPP，与中国的传统贸易伙伴已实现了零关税。这自然会蚕食掉中国部分的贸易份额，特别是劳力密集型产品的出口市场。

进口的下降则说明两个问题。首先，通过增加消费拉动中国经济的方式并不可行。理由很简单，如果经济不好，老百姓没钱可赚，哪来的收入拉动消费？国内消费疲软了，国内的产品都消化不了，又何需进口最终消费品？再从上下游产业链来看，如果投资疲软，上游的原材料如钢筋水泥自然无法消化，一方面造成产能过剩，另一方面则也无须进口相关资本品。两者加在一起，进口自然就掉下来了。

既然中国再无明显的劳力比较优势，那么拼国外市场就只能靠提升产品质量一条路了。但这条路知易行难。提升产品质量只有靠提升企业的全要素生产率。提升企业的全要素生产率是当前中国供给侧改革的重中之重。

企业全要素生产率提升的核心则是生产技术的改进和创新。问题是，技术进步是个长期积累的过程，难以在短期内迅速提升。欲速则不达。靠技术进步、产品创新来解决当前中国经济所面临的挑战，长期方向是对的，但远水解不了近渴。

所以，拉动当前中国经济的，还得是去产能、活商贸，供需双管齐下。

第一，在供给方，如减库存、去产能，降低企业成本，短期有望见效，可以明显地提升企业全要素生产率，改善企业经营绩效，是比较靠谱的方案。当然，我们首先得弄清楚过剩产能又是怎么来的。除了地方政府过度竞争造成的企业大量过度生产，另外一个原因自然是国内外市场无法消化。

在想办法解决过剩产能之前，还应该先摸清中国的过剩产能到底有多严重。目前最厉害的六大产能过剩产业分别是钢铁、电解铝、水泥、炼油、平板玻璃以及纸板行业。这六大行业的平均产能利用率在七成左右，换言之，有三成库存。

怎么减库存、去产能？除了应有的整顿相关各行业措施外，为过剩产能找卖家应是上上策。目前的"一带一路一行"就是最好的方案。特别是陆上丝绸之路的中亚国家，本来就正在想方设法地改善基础设施。想修路，钢筋水泥跑不了。所以，如果政府搭台，企业主导，这出戏就有得看。邻国手头紧？也没关系，亚投行可以贷款融资。这是中国与中亚国家典型的双赢互利。何乐而不为？

也有质疑的声音。其一，目前亚投行资金规模有限，可能满足不了中亚各国的大额需求。其二，中亚国家地缘政治复杂，并不见得各国都会买账，跟中国合作。

笔者以为这些都是多虑。首先，虽然目前亚投行注资不多，但别忘了中国腰包的三万多亿美元储备。此时此刻，我们还真不差钱，该出手时会出手的。其次，中国产能消化与国外基建投资，是姜太公钓鱼，愿者上钩。只是机会总是留给有准备的人。个人如此，国家亦然。

第二，在需求方，改革则应重在活商贸。破除国内地区壁垒自是无须多言。窃以为，当务之急还在于拓宽国际市场，积极参与 TPP 谈判。

加入世贸组织之后，中国的国际市场大为拓宽是个不争之实。但如今 TPP 正式生效，如果中国没有积极参与谈判，成为成员国。至少会在两个方面有所不利：一是欧美传统出口市场被其他 TPP 区内劳力密集型国家蚕食。更为重要的是，因为 TPP 采用原产地原则，如果中国不是 TPP 协议国家，那么 TPP 协议国家从中国购买原材料或中间品就不能免关税，这势必会大大减少其他国家对中国产品的进口。换言之，中国的最终品和中间品出口都将深受其累。

一句话，新年伊始，中国如能去产能、活商贸，供需双管齐下拉动经济，则在高度全球化、竞争白热化的今天，仍可闲庭信步，风景这边独好。

（本文载于《人民日报》海外版，2016 年 2 月 24 日）